腔调依旧老洋房

王承 李铁 著

上海 同济大学出版社

图书在版编目（CIP）数据

腔调依旧老洋房 / 王承，李铁著 . -- 上海 : 同济大学出版社，2020.10
（城市风景线 / 王承主编 . 徒步上海）
ISBN 978-7-5608-9252-8

Ⅰ . ①腔… Ⅱ . ①王… ②李… Ⅲ . ①古建筑－介绍－上海 Ⅳ . ① K928.71

中国版本图书馆 CIP 数据核字 (2020) 第 195176 号

腔调依旧老洋房

王承 李铁 著

责任编辑：武蔚 | **责任校对：**徐春莲 | **装帧设计：**完颖

出版发行：同济大学出版社 www.tongjipress.com.cn
（地址：上海市四平路 1239 号 邮编：200092 电话：021-65985622）
经　销：全国各地新华书店、建筑书店、网络书店
印　刷：上海雅昌艺术印刷有限公司
开　本：889mm×1194mm　1/24
印　张：5
字　数：156 000
版　次：2020 年 10 月第 1 版　2020 年 10 月第 1 次印刷
书　号：ISBN 978-7-5608-9252-8
定　价：58.00 元

建筑与城市是人类文明进程中最独特的风景

漫长的时间堆叠中

延展出一条条缤纷的风景线

我们徒步于此

再次触碰历史的余温

一起展望未来无尽的可能

序

城市的风景，抛开烦琐的理论探究，大致可以分为两类：一类是时尚的现代都市风光，一类是斑驳的历史遗存风情。前者是当下建筑审美和技术的直接体现，后者则留存着城市的一段记忆，给予我们一份参照。与自然风景不同的是，城市风景是一种人造景观，或者说，是人在自然基底上的有意识创造。城市风景既有建筑、广场、街道这些纯粹的“人造物”，也包含花草、树木、河流这些自然元素，另外，人的活动也是城市风景中不可或缺的组成部分。城市风景随着城市的发展而不断变化，包含各个时代人们对自然的利用、对场所的理解和对自身能力的发挥……这些信息不断累积，才形成城市现在的模样。因此，欣赏城市风景，从某种意义上说，就是对城市过去和现在的阅读。

作为一名研究建筑历史的专业人员和教育者，我经常思考如何能将专业知识用有趣的形式呈现出来。“专业”与“科普”并非泾渭分明的两条不同道路。精细化的研究，不断地产生新的发现，既补充和完善原有的专业理论，同时也为科普提供更多、更新的见解。阅读城市，并非一定要严苛地以学术的标准来辨析和讨论，借助一些观察方法，可以让每个人都饶有兴趣地开启一段漫游城市之旅。这种方法，不是要将建筑或园林专业中的那些理论罗列出来，而是在错综复杂的城市风景中，切出一个个“剖面”，通过对专业理论适当的介绍和解析，帮助更多人化繁为简地去理解和欣赏其中的美好。所挑选的个体，可能与某个时代的风格和技术有关，也可能基于美学上的一些永恒性原则，甚至仅仅是因为它们经受住了时间的考验……尽管这些个体创作的时代不同、形式迥异，但它们显然是城市风貌和特性的组成部分。通过精心设计的步行线路，作者用穿针引线般的叙述建立起这些个体间的关联，从而将城市中散落的片段，串联成熠熠生辉的“风景线”。

漫游城市的过程需要中国传统的那种“游园”精神：用一种从容、悠闲的心态，将多层次而且复杂的场景转化成一段往复折返的线性体验。“游”字本就有“不固定”之意，旨在提醒人们在观赏过程中应该具有开放的观察视角，以便获得随性的个体感悟。

我很高兴看到建筑师全力参与这套城市建筑文化科普丛书的制作。书中既图文并茂地传达了丰富的有关城市和建筑的专业知识，又能给予读者一些有所关联的艺术启发。随着时代的发展，人们的观念和认知角度也在不断发生变化，但基本的专业知识是正确认知的第一步。这套丛书将带领读者用新的眼光去审视那些习以为常甚至是“熟视无睹”的城市角落，这种眼光上的变化，实际意味着意识上的变化。当知识不再被视为高不可攀的、沉重的包袱时，人们将更鲜活地感受到这些近在咫尺的城市风景所拥有的勃勃生机。

片々白雲就在這藍天裏.

路秉傑

前言

“怎么欣赏上海建筑？”这大概是我身边非专业的亲朋好友们最常问起的问题。建筑是城市不可或缺的组成部分，城市的风景很大一部分也和建筑关联在一起。我们生活在建筑中，每日又与无数的建筑擦肩而过，它们的光影与传奇，铭刻成我们对这座城市的认知。

然而，对建筑的认知并非一目了然。它为何被设计成这样？建筑的美体现在哪里？时代的发展对建筑有影响吗？建筑细节中蕴含了怎样的历史故事？懂得一些阅读建筑的方法，可以帮助我们更好地欣赏建筑。

这是一本轻松的书，主要关注如何通过阅读建筑的细节和风格来欣赏建筑。同时，我们也要注意到，时代的背景、技术的发展，以及人们的观念……都会在建筑上留下印记。因此，欣赏建筑，既是一次艺术的体验，也是对一段历史的回顾。

本书所记录的 24 栋建筑都位于上海衡山路 - 复兴路历史文化风貌区 (Hengshan Road-Fuxing Road Historic and Cultural Area，简称“衡复风貌区”)。所谓“历史文化风貌区”是这样一些区域：它们能完好地体现某段城市历史发展进程和当时的城市风貌，区域内的历史建筑格局和风貌有代表性且保存较为完整，用更感性的话来解释就是那里有“老上海的风情”。2003 年 11 月，上海市政府批准了《上海市中心城历史文化风貌保护区范围划示》，确定了中心城区 12 个历史文化风貌区，总用地面积 26.96 平方公里。其中，衡复风貌区面积达 7.75 平方公里，是风貌区中面积最大的一个。作为近代上海租界时期的高档居住区，风格多样、各具特色、环境优美的独立式花园住宅是衡复风貌区的主要特色，同时这里还分布着相当数量的公寓、里弄和公共建筑，不乏革命史迹和名人故居。

衡复风貌区的形成与法租界的第三次“西进运动”（即“向西扩张运动”）紧密联系在一起。1914 年 4 月，法租界以同意北洋政府入界缉拿藏匿在租界的革命党人为条件，与之签订《上海法租界推广条约》，将“北自长浜路（今延安中路），西自英之徐家汇路，南自斜桥、徐家汇路沿河至徐家汇桥，东自麋鹿路（今方浜西路）、肇周路各半起至斜桥为止”，即今天的重庆中路和重庆南路以西至徐家汇区域，划定为法国新租界（后常称之为“法租界西区”）。这个新扩充的区域是上海租界中最晚形成的区域，正值近代上海进入“摩登时代”，经济迅速发展，城市化进程加快，新兴富裕阶层和中产阶级财富的大量积聚催生出对高级住宅区的强烈需求。法租界当局因势利导，结合之前几十年的租界建设和管理经验，对此区域进行了法国式的市政规划和路网布局，以及高标准的建设定位和建设管理。同时，还有一些事件也间接起了作用，例如，当时国际上城市规划理念盛行，建筑风格也经历着巨大的变化，新的建筑结构形式发展成熟，以及 1929—1933 年世界性经济危机期间欧美大量建材廉价倾销到上海，等等。在多种因素作用下，催生出 20 世纪 20—30 年代近代上海城市发展的黄金期，以今天的淮海中路和衡山路一带为核心，展现出幽静高雅、独具法国风情的地区风貌。1938 年，在法国总领事的授意下，公董局更是将西至华山路、天平路，南至建国西路，东至襄阳南路、富民路，北至延安中路的这一特定区域划定为“特别高级住宅区”。今天的衡复风貌区范围大致就相当于法租界西区，而本书所选的建筑正位于这个“特别高级住宅区”内。

由于住宅不需要背负太多政治寄托，更能体现业主审美和建筑师设计的情趣，也更多地反映了建筑与城市的关系。精神性、标志性、纪念性这些在公共建筑上需要重点考虑的因素，在这里让位给亲切感、舒适性、简洁适用性等更体贴入微的追求。通过阅读这些优秀历史建筑，可以在领略其艺术特点的同时，重温历史中的时代风潮和城市变迁。

建筑不仅因为自身的独特风格而具有艺术价值，也因为承载着重要的历史文化、寄托着人们的情感而具有人文价值。历史建筑的衰败和重生见证了城市发展的沧桑变化，这赋予了建筑更丰富的内涵。这就是我们阅读建筑的意义。

建筑需要现场体验。现在，就让我们带上书，在城市中徒步，偶尔驻足，阅读建筑。建筑之美将穿越时空，直抵我们内心。

目录

老洋房徒步线路图

本书设定的徒步历史建筑观光路线位于上海昔日的法租界西区——今天的衡复风貌区内。24栋独具特色的老洋房传达着此区域百年来不曾褪色的气度、品质与格调——如果用一个"滋味浓厚"的上海方言词表达，那就是"腔调"。

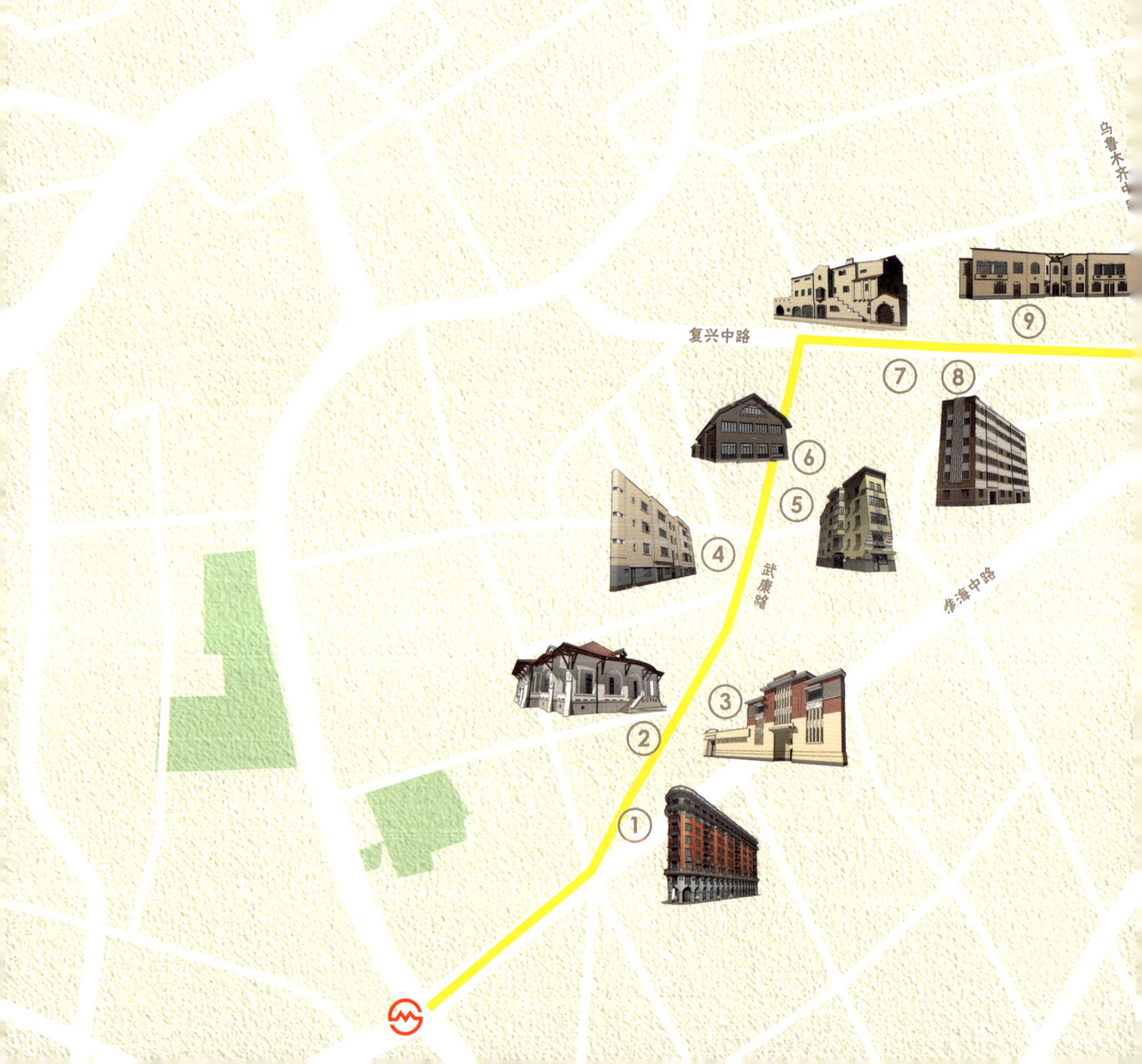

襄阳北路
新乐路
常熟路
淮海中路
汾阳路
复兴中路
衡山路
①武康大楼
②意大利总领事府邸
③黄兴旧居
④开普敦公寓
⑤密丹公寓
⑥巴金故居
⑦柯灵故居
⑧良友公寓
⑨修道院公寓
⑩麦琪公寓
⑪宋子文旧居
⑫爱庐
⑬克莱门公寓
⑭黑石公寓
⑮伊丽莎白公寓
⑯公董局总董官邸
⑰海关税务司官邸
⑱犹太俱乐部
⑲比利时领事馆
⑳海关俱乐部旧址
㉑东正教圣母大堂
㉒拿培住宅
㉓赛华公寓
㉔福煦巡捕房公寓

1858

1

传奇与地标

武康大楼（Wukang Mansion）

地址：淮海中路 1836—1858 号

建成时间：1924 年

设计：克利洋行

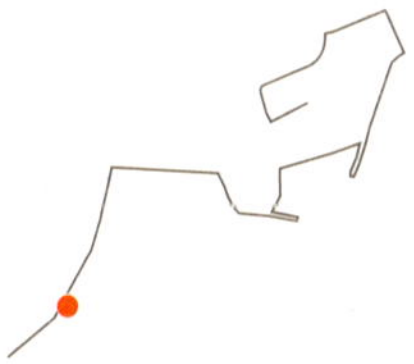

可以毫不夸张地说，对于上海武康路的显赫名气，武康大楼（原名“诺曼底公寓”，I. S. S. Normandy Apartments）功不可没。它是这条传奇与浪漫之路的地标性建筑，勾连着一段逝去的过往风情。武康大楼所在的这个路口，道路放射状地通往五个不同的方向，这种带有浓烈法国特色的道路设计，给了武康大楼最好的注解：一艘昂首待发的巨轮，一段承载华美的乐章，一栋法式风情的辉煌建筑，一个足以代表上海租界西区的地标。武康大楼是我们阅读和欣赏上海历史建筑的一个很好的起点：功能与形式、结构与装饰，这些常常彼此影响和制约的因素，在这里都有比较清晰的表达。同时，它与街道之间的那种融合，又可以引发我们对建筑与城市关系的思考。所以，如果你想要了解上海的城市文化遗产，了解衡山路、复兴路历史文化风貌区，这栋楼是最不应该错过的。

武康大楼具有法国文艺复兴建筑风格 [1]。如果“风格”一词过于专业而让人畏惧，那么我们不妨来观察一下建筑的“表情”。每栋建筑都有自己的“表情”，它们或轻松，或严肃，或欢快，或拘谨。有时它们与建筑的类型有紧密的联系，有时它们只是建筑师天马行空的创造。武康大楼的“表情”：明朗又有活力，庄重却不严肃，具有古典的美感，又透露出理性的清晰。它向所有人传递了一种信息：建筑，表达人的尊严和高贵。这种对人的重视，正是文艺复兴时期出现的人文主义思想一直强调的观点。

武康大楼具有一种和谐，每个局部的尺寸和形状都恰到好处，所有的部分都在一个合乎比例的整体之中。武康大楼的美引起我们的一个思考——建筑的美究竟源于什么？这个问题可以有很多答案。

4
3
1
2
6
3
4
5

❶ 武康大楼位于淮海中路和武康路相交成近 30°的转角地带，平面呈三角形，半圆形的建筑转角设计既饱满又干净利落，让建筑显得圆润、挺拔。

❷ 武康大楼是上海最早的外廊式公寓建筑，为了解决采光和通风，在沿武康路的北面开了两个口子，所以这个建筑的南北两面差别很大。

❸ 建筑三层和顶层悬挑出通长的阳台，建筑师巧妙地利用它们作为分隔的腰线，使建筑呈现出完美的古典“三段式”[2]。顶层的通长阳台和女儿墙[3]一起构成双重水平向的檐部，增加了建筑的稳重感。

❹ 三层阳台下设计有成组的涡卷形托座，它们那夸张的尺度极具力量感；但是，实际上，这些托座并不承重，它们只是一种装饰构件，与其他装饰一起，形成丰富而柔美的视觉感受。

❺ 24 道半圆形券[4]围合出建筑底层贯通的拱廊，并与上层的托座一起形成牢固的建筑基座，面向街道的立面也因此协调统一。

❻ 墙面上砖的红色与仿石水泥面的灰色搭配得非常和谐。红色的砖让建筑更有亲和力，很适合用在住宅建筑上。

电影艺术家吴茵、王人美、郑君里、赵丹、孙道临、秦怡、王文娟等都曾在此居住过。

2

地中海阳光

意大利总领事府邸（Italian Consulate General's Official Residence）

地址：武康路 390 号

建成时间：1932 年

设计：义品地产公司

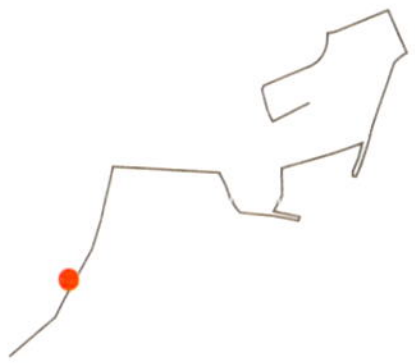

20 世纪 30 年代，这栋建筑曾作为意大利驻沪总领事尼隆纳的府邸。这是一栋让人感觉自由自在的建筑：白色墙体联系起一道道的拱券，不像是人工用砖石砌筑出来的，倒像是建筑自己迫不及待地省略了多余的部分，只留下优美的弧形轮廓，让阳光大咧咧地照进异国情调十足的敞廊[5]中，却又踯躅在窗边不再往前，只掷出小小的光斑，在那些若隐若现的落地玻璃上迸发出耀眼的光芒……风不受拘束，吹着欢愉的口哨，轻快地穿过窗洞，鼓吹起窗帘间的一阵骚动。人们在外面看不真切屋内的摆设，却油然感受到地中海阳光的灿烂和生活的舒适。

“地中海风格”是指南欧地中海沿线国家村镇民舍的建筑风格，虽然每个国家有所不同，但也不乏很多共同的特点，比如建筑形体简洁，装饰较少，色彩淳朴，善用敞廊、过道、阳台——既可以避免阳光直射，也可以利用风道原理增加空气对流，降低夏季室内的温度——这些都是为了适应阳光强烈的环境而产生的。由于两地的气候不同，这种设计在上海并不能很好地发挥作用。现存的“地中海风格建筑”在上海已鲜见，所以，这栋楼显得很“另类”。

20 世纪 30 年代的上海，房地产进入了炽热期，地价日益高涨。法租界西区早已经从地广人稀的“郊区”转变为寸土寸金的市区优质地段。在大家都追求更高建筑容积率[6]之时，这栋房子却被悠然自得地建造成主体一层、局部二层，而且一层又留出这么多的面积作为敞廊的样式——这确实是一个随性又特别的设计。

❶ 建筑底层在东、南、西三面设置敞廊，形成一个连贯、有趣的休息空间——它模糊了室内和室外的分界，让建筑变得轻盈、活泼。

❷ 浅色外墙可以减少对太阳光的吸收，是地中海风格建筑的典型特征之一。

❸ 柱子对外的转角处模仿哥特建筑中斜扶壁的样式，虽然没有结构作用，但让方正的建筑多了些细节上的层次。

❹ 为使被遮蔽在大屋顶下的主入口更加显著，拥有一面盔形山墙[7]的阁楼从屋顶中央突兀而出，并隆重地用齿饰[8]作为装饰。屋顶露台上视野开阔，为欣赏景色增加了新的场所和角度。

❺ 主入口分设两个小小的弧形楼梯，亲切、优雅之余，又有点小题大做的味道，让人忍俊不禁。

❻ 屋檐出挑很大，深色的木支架起到承重作用，并在白墙与深色屋檐之间形成很好的视觉过渡。

上海地中海风格的老洋房还有高安路 63 号励宅、天平路 40 号住宅等。

6
2
1

3

够不着的窗户

黄兴旧居（Former Residence of Huang Xing）

地址：武康路 393 号

建成时间：1933 年

设计：大方建筑公司

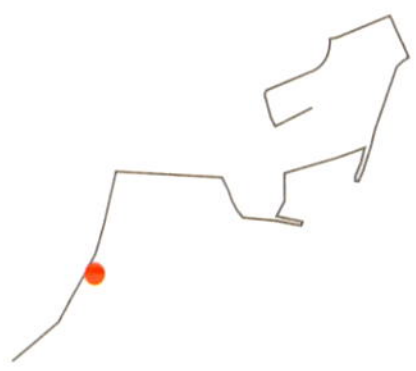

武康路上最特别的一道建筑墙面，应该属于 393 号——褐色的砖与米色的涂料彼此穿插、蔓延、叠盖……难分难解，仿佛是为了化解这僵持的局面，建筑从地面猛地向上蹿起，一时刹不住脚，硬生生拉扯出一人多高的敦实基座，建筑上部的窗也被拉扯得细细长长，挂在半空。习惯了武康路上亲切宜人老洋房的行人走过这里，常会有一种错觉，以为误入“巨人之家”，倍感自身尺度的渺小。

1916 年，中国近代民主革命家黄兴在福开森路（即今天的武康路）393 号居住，实质上是住在这栋楼南侧有着相同门牌号的“黄兴旧居”—— 一栋建于 1912 年的英国乡村式小楼。1933 年，由吴稚晖（近代资产阶级思想家、政治家、教育家）创办的中国国际图书馆举办“世界图书馆展览会”，因为场地不够，所以占用真正黄兴旧居北面约 345 平方米的空地，由政府拨款建造了一栋四层三开间的新楼，用作展览和藏书功能。由此看，眼下临街这栋构图严谨、“表情”肃然的建筑不像住宅是十分有道理的，因为，它原本就是藏书楼。

这栋楼具有明显的装饰艺术派风格，尤其是立面中心部分——细长的三层窗户，形成了明显的竖向构图。这种对竖向线条的强调，几乎成为近代上海装饰艺术派建筑的标志性语言，我们将在后面介绍的良友公寓中再次看到。

“装饰艺术派”也翻译成“装饰艺术风格”“摩登风格”等，是 20 世纪 20 年代起流行于欧美的一种艺术时尚。它从历史上各个时期的经典图像中提取元素，以洗练的手法加以几何化重塑。装饰艺术风格对 20 世纪 20—30 年代上海建筑的影响很深，早期设计多用几何图案和装饰线脚[9]，后期则仅靠简洁的线条或造型进行构图。

❶ 建筑形体上中间高，两侧低，并且用一段深色的墙向上突破檐口[10]，强调了建筑的中心感。

❷ 内凹的入口空间高敞，与高大的建筑基座相应和，然而，内侧入口大门为了更加宜人而尺度骤降，二者形成了一种有趣的反差。

❸ 建筑底层不开窗，二层以上的窗又很窄小（这些其实是书库的透气窗），在沿街大片实墙面的对比下，建筑显得有些封闭，一脸严肃的“表情”。

❹ 横向线条是对顶上檐口线条的一种重复和强调，并与窗户的竖向线条形成对比。

❺ 深褐色面砖用横竖两种不同的样式铺贴，形成同心递增的 L 形，强化了建筑立面设计的向心性。

❻ 这两块窗间饰板是整个建筑立面上的点睛之笔。浮雕上的图案是抽象和现代的，一块寓意“科学”，一块寓意“民主”——近代中国社会发展史中两个熠熠闪光的词语。

20 世纪，这里先后设立过“世界社”“世界学院”“中国学典馆”“上海国际图书馆”“世界学校”“世界中小学”等机构。
1933 年，英国现实主义戏剧作家、诺贝尔文学奖获得者萧伯纳曾来此访问。“世界光纤之父”、诺贝尔物理学奖获得者高锟曾就读于此处的世界学校。

1
2
3
4
5
6

4

让我吐口气

开普敦公寓（Kempton Apartments）

地址：武康路 240 号

建成时间：1940 年

设计：公和洋行

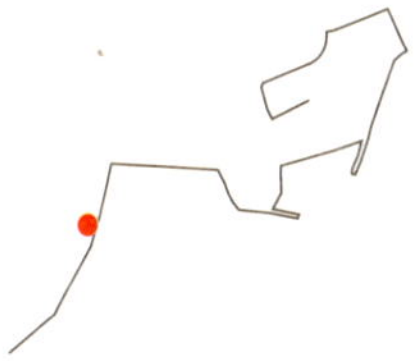

20 世纪 30 年代末的上海，由于战争等原因，建筑业日渐颓靡，大型的建设项目寥寥无几。此时的法租界西区已经完成了“城市化”过程，而房地产开发无序竞争后产生的一些边角料地块，等待着有慧眼和勇气的人出手。开普敦公寓北侧紧贴早期建成的建筑，另外两个面被街道和相邻用地夹成一个楔形。在这种无奈的处境中，为了使用面积的最大化，建筑紧紧地贴着人行道，任凭密密匝匝的梧桐树叶把它挡了个严实。它像是被一团深色海藻捆绑住的鱼儿，焦虑地找寻出路，在最西端处，挣扎着从绿荫中探出头来，舒了一口气，吐出一串圆圆的水泡。

沿街道的外立面上，开着小窗的弧形转角表现出了建筑的干净利落，而其他部分则略显平淡，带着一些拘谨。如果不注意，人们很容易错过这栋建筑。与马路斜对面的密丹公寓相比，开普敦公寓少了些欢快和灵动，更注重经济性，像是一件实惠的工业制品。

公和洋行是英国老牌设计机构 Palmer & Turner Architects and Surveyors 于 1912 年在上海开设的分部，在 20 世纪 20—30 年代，闻名沪上。公和洋行的设计作品多集中在近代上海的公共租界内，多为银行、办公楼等公共建筑，外滩建筑群中几乎半数作品都出自公和洋行，例如有利大楼、汇丰银行大楼、沙逊大厦、江海关大楼等。公和洋行在法租界留下的作品不多，开普敦公寓和修道院公寓体现了其在小型住宅上的设计风格。1937 年抗日战争全面爆发，公和洋行从上海撤出。开普敦公寓显示了该机构在上海运作晚期的作品特点，那就是：鲜明的现代主义建筑[11]风格。

1
4
5
2
3

公和洋行是这栋建筑的首任用户。太平洋战争爆发后，这里成为汪伪复兴银行行址。

❶ 楔形地块上的建筑端头同样是圆弧形设计，但由于不像武康大楼那样位于路口，所以很难让人充分感受建筑体量的那份锐利。

❷ 这条线脚将建筑转角处二层以上的体块进行了强调，并联结着逐层的小尺度开窗，让转角显得活泼有趣。

❸ 公寓楼入口部分的处理非常简化，仅用水平向的线脚加以勾勒。

❹ 建筑上的窗都加设白色的窗套[12]，并随着窗洞的形态而变化。

❺ 外墙面仅用涂料平涂，并不追求质感和肌理变化，让建筑显现出一种平面化的效果。

5

嗨，大象

密丹公寓（Midget Apartments）

地址：武康路 115 号

建成时间：1931 年

设计：不详

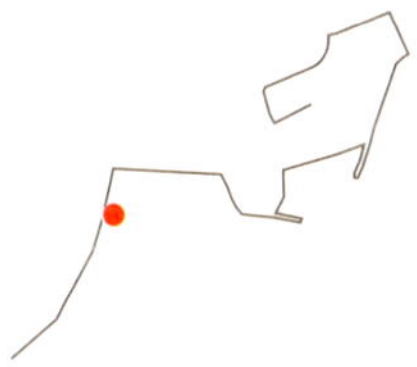

与武康大楼所处的情况相似，这又是一块夹在两条道路中间的楔形地块，但它的占地还不到前者的 1/15。因此，密丹公寓的设计困难不是解决采光和通风的问题，而是如何在一块很小的用地上，设计出一栋实用又不失优雅的建筑。

建筑用足了这块不到 100 平方米的三角形基地，每层一户，共五层，一部非常精致的旋转楼梯联系各个楼层。即使在这么捉襟见肘的空间里，建筑师还在每层设置了独立的服务人员用房——这是很考验建筑师水平的设计。“密丹”是英文“Midget”的音译，意思是“袖珍的”“极小的”。密丹公寓虽然小，容纳的信息却很多：建筑师尝试在现代主义建筑中，融入装饰艺术风格和巴洛克风格 [13]。有意思的是，在如此设计整合下的公寓楼，从某个角度看过去，仿佛是一栋仿生建筑——形态与大象颇为神似。

建筑的“表情”是多种多样的。20 世纪 20—30 年代，上海的建筑风格转换很快：从古典风格到装饰艺术派，再到现代主义风格，从活泼的地中海风情到端庄的法式风情……然而，旧风格不是猝然中断的，观察密丹公寓就可以看到这转变留下的痕迹——当设计风格已经发生明显变化，在建筑局部的审美上还断续留恋着过去的范式。密丹公寓整体是通过几组体块来塑形的，古典柱式 [14] 的消失让建筑呈现出比较清晰的现代主义风格。然而，窗间饰板、涡卷形跌落的线脚和锥角造型的叠涩 [15] 等细部，作为对古典风格的致敬，依然被隆重地展示在了建筑的立面上，而且这种展示通过不同颜色的区分刻意引起人们的注意。由此可见，建筑风格之间与其说是对立，不如称作是“有延续的和平过渡”。

❶ 这种突出于墙面但底部不落地的窗户，叫“凸肚窗”[16]。它可以为公寓内部增加一些使用面积，但又不会占用人行道，是一种兼顾实用和美感的设计。

❷ 北侧顶部山墙上的那道涡卷形跌落的线脚，把建筑形体勾画得非常醒目，这种浓重巴洛克风格的设计消除了长方体建筑的呆板，为公寓楼增添了不少欢快和灵动的气息。

❸ 窗间饰板浮雕上的贝壳纹并没有采用古典的对称式构图，而是自由布局，这大概是建筑师对古典主义设计手法开的小玩笑吧。

❹ 深灰色水泥拉毛墙面[17]是当时非常流行的一种建筑饰面做法。

❺ 路口转角处，建筑底层后退，三层楼及以上又向外挑出。这种尊重行人的做法是值得称赞的。为了支撑上部出挑所做的锥角造型的叠涩是这栋建筑最吸引人的细部，从远处看，很像两只大大的象牙。那么，象鼻子、象屁股，请大家自己查找对位哈！

❻ 这栋建筑的北侧是巴金故居。

这里曾是义品放款银行行址。著名电影表演艺术家孙道临曾在此居住。

1
2
3
4
5

6

沉思的巨石

巴金故居（Former Residence of Ba Jin）

地址：武康路 113 号

建成时间：1923 年

设计：不详

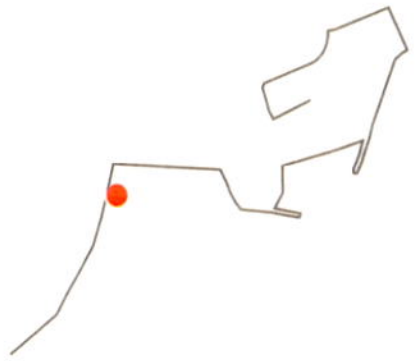

中国现代文学巨匠巴金的故居紧挨着密丹公寓，对比之下，它显得有些低矮。从院子里望过去，在青草茵茵中，这栋形体简洁的小楼有一种稳重的力量。庞大的双折屋顶在周围浓郁的树荫中撑起另一片天空；门窗上那些黯淡的绿色，像是周边树木沉淀下来的色泽。巴老虽然已逝，但曾经承载了他多年生活的建筑依旧伫立在此处，它安静得像一块沉思的巨石，凝望着院中那两棵参天的广玉兰，守护着一位勇于讲真话的老人半生的回忆。

这栋建筑的意义早已超越其本身的形态，成为中国当代文学的重要现场，与一段珍贵的人文历史融合在一起。从 1955 年起，巴金在此居住，建筑见证了他在这里留下的文学著作和生活点滴，目睹了他后半生的幸福与忧愁、希望与悲愤，这些都赋予了这栋建筑别样的“场所”意义。

建筑的动人之处，不仅在于它的风格或“表情”之美，也在于它与人类情感的连接和所承载的历史。建筑与人的关系，远不只是“为人提供遮风避雨的活动空间”那么简单，建筑可以“记忆”其中的生活情景并传达其历史意义。当我们流连在巴金故居的草地上，想象着巴老当年的生活场景时，建筑、环境与人就以一种特别的方式联系在一起——这就是建筑的“场所性”。场所具有特性，能够引发人对这个地方的认同感或情感共鸣。巴金曾在他《真话集》的后记里写道：“我家里有一块草地，上面常有落叶，有时刮起大风，广玉兰的大片落叶仿佛要‘飞满天’……”身临其境，感慨万分。

透过建筑的“表情”，感受其内在的人文精神，这是建筑更完整的意义。与巴金故居不远的柯灵故居，将带我们再次审视这种内心的感受。

❶ 建筑看似二层，实为三层，最上面一层的阁楼隐藏在大大的坡屋顶下。半圆形的大窗很有特点。

❷ 这十个小孔是阁楼的室内通风口，从这个细部可以知道，设计之初三层阁楼不是用来居住而是用于储藏的。

❸ 建筑采用一个巨大的、简洁的复折式屋顶[18]。这种屋顶可以提供高效的室内使用空间又不必让坡顶变得很高。

❹ 建筑底层设置带有落地门窗的通廊。这样的立面有公共建筑的特点，设计之初，这栋楼是作为办公和居住混合使用的。

❺ 外墙面采用水刷石[19]做法，这是 20 世纪 20 年代上海流行的墙饰面做法之一。与绿色的门窗相配，别具一格。

❻ 广玉兰已是这栋住宅不能忽视的一部分了，院子里还有巴金亲手种植的一棵樟树和一棵枇杷树。

这栋小楼曾为俄侨通商事务所、苏联商务代表处的驻地。1955 年以后，巴金定居于此。

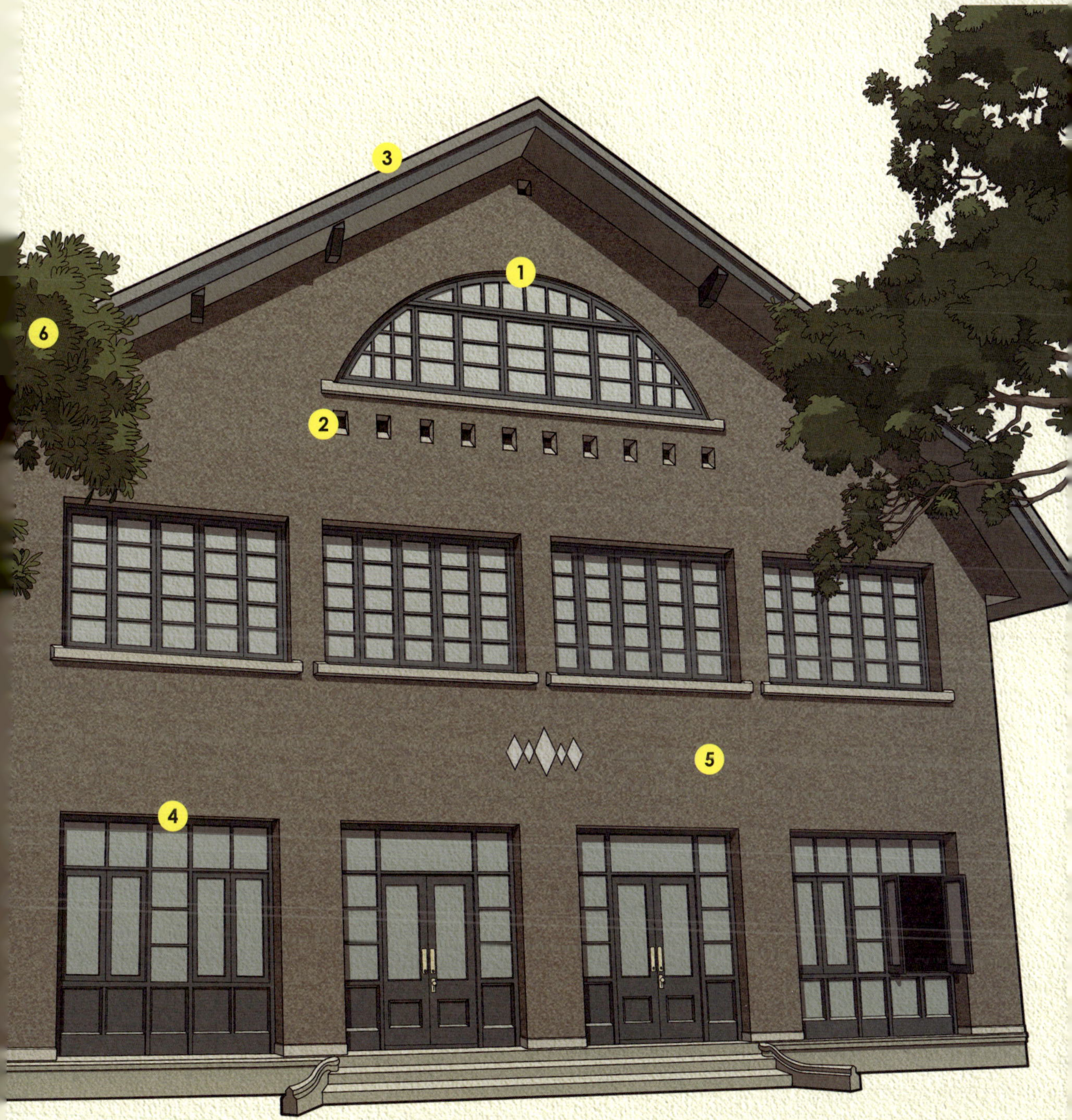
3
1
6
2
5
4

7

质朴温暖的家

柯灵故居（Former Residence of Ke Ling）

地址：复兴西路 147 号

建成时间：1933 年

设计：启明建筑事务所

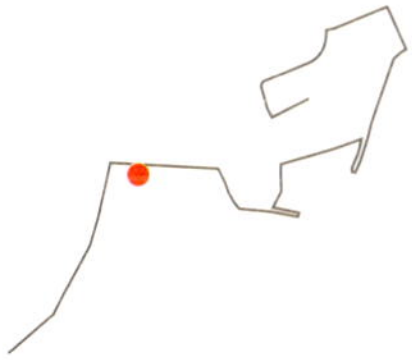

这是一栋西班牙式建筑风格的小楼，虽然看上去像栋独立的花园洋房，但其实是三层的公寓楼。米黄色水泥拉毛墙面、铺着红瓦的缓坡屋面、形式多变的门窗、优美精巧的细部，这些特点让建筑显得质朴、温暖。这里可能符合很多人心目中对“家”的想象：一栋优美的小楼，几家和睦的邻居，窗外有梧桐树，房前有小花园。中国著名电影理论家、剧作家柯灵偕夫人在此处居住了近半个世纪，这栋小楼目睹了他历经熔炼的命运和成就。现今这里陈列的柯灵生平展中，记录了柯灵的一段自我总结：“纸上烟云，恰如屐齿印苍苔，字字行行，涂涂抹抹，也就是斑斑点点浅浅深深的生命留痕。”柯灵的宽厚和清醒与这栋质朴、温暖的建筑很相衬。

也许你已经注意到了，这栋建筑的形态并不是对称的。“对称”指的是物体两侧形态相对于其中心轴线是互为镜像的关系。人们从自身形态出发，会天生地偏爱对称。对称的建筑容易凸显其重要性，中心部分会成为空间上和视觉上的焦点，容易被理解，被记忆。对称是建筑中一个非常普遍的现象。18 世纪，英国盛行一种新的艺术审美风尚——“如画风格”，即追求如意大利古典风景画一般的起伏多变的光、色和景物，追求“粗糙”“突变”与“不规则”所引发的视觉效果。在这种理念的影响下，建筑开始注重与自然景观相协调，提倡形态的不规则与不对称性，提倡灵活多变的平面，希望给人一种自然的舒适感。如画风格挑战了对称在建筑设计观念上的正统地位，也让人们发现不对称在美学上具有的崭新意义。

柯灵故居就是不对称设计的一种尝试。虽然楼梯左右两边是功能几乎相同的公寓，设计师在立面设计上，仍然有意避免了对称的形态，各个部分形成高低错落的层次性起伏，不受拘束、自由自在，一种活泼的生活气息扑面而来。当然，影响建筑“表情”的原因很多。在接下来的旅途中，我们将看到另外一些观念带来的深刻影响。

❶ 这个室外楼梯充分体现了西班牙式建筑风格，它提供一个有趣的出入这栋建筑的选择。当你参观完柯灵故居从这里往下走时，在楼梯尽端会看到一个精美的小壁龛。

❷ 这个凸肚窗位于楼梯台阶和平台上，并不方便使用，但它就像整个建筑上的一盏大型壁灯，鲜明地指示出下方的公寓主入口。

❸ 窗口上和檐口下都做了曲线形的饰边，因为有白色的衬托，所以显得格外细腻、别致。

❹ 这扇通向花园的大门两侧，是两根矮矮的螺旋形柱子，配着混合式的柱头，这被称为“所罗门柱式”，是西班牙式风格中常见的做法。柱式在古典建筑中是非常庄严的建筑元素，但在这里，却显得小巧可爱。

❺ 退离建筑远一点，就能看到这支造型可爱的烟囱，以及它头顶上三个小小的“洞中天”啦。

❻ 美丽的铁艺装饰是西班牙式建筑风格的一个特点。

柯灵夫妇从 1959 年起直至去世一直居住在此公寓楼的 203 室。柯灵在这里完成了电影剧本《不夜城》和多部散文集、文艺评论集的写作。
著名女实业家董竹君，女演员上官云珠，都曾在此公寓楼居住。

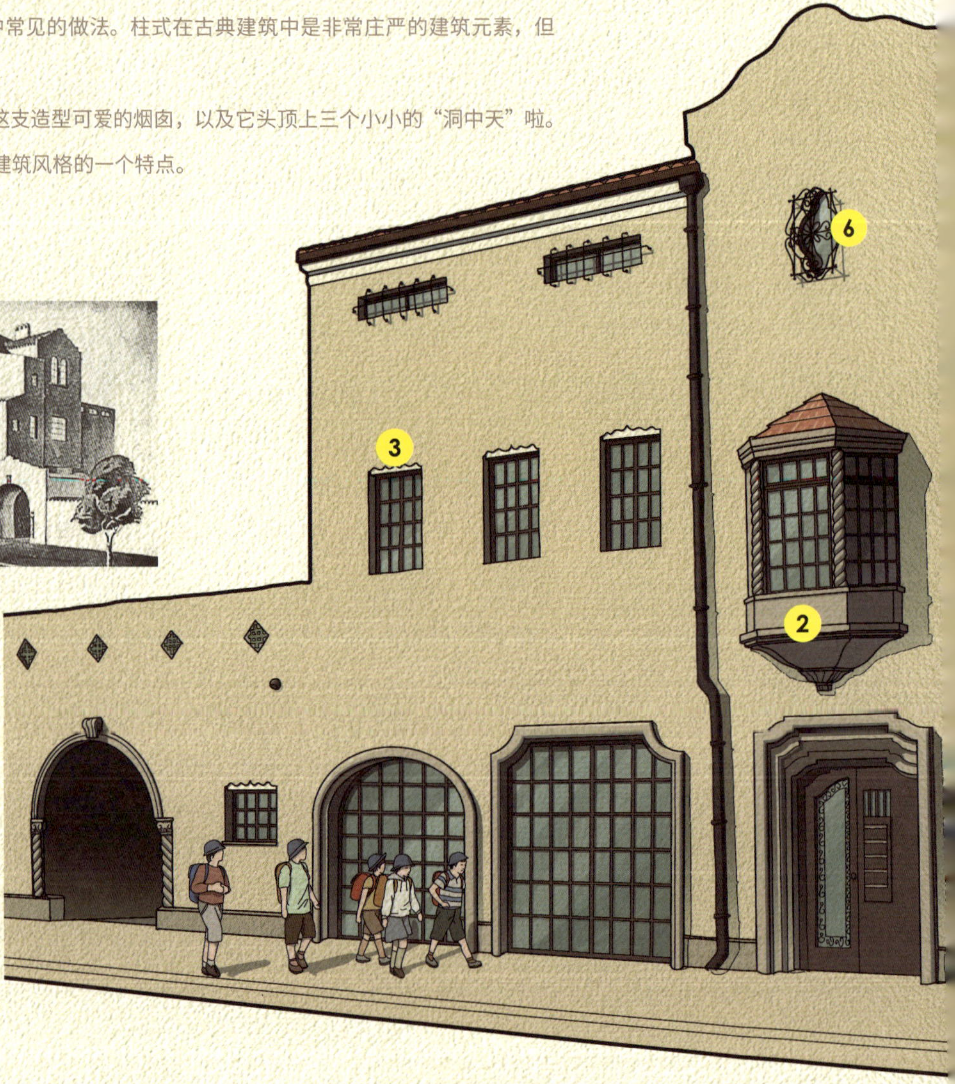

5
3
1
4

8

有一颗钻石心

良友公寓（Liangyou Apartments）

地址：复兴西路 91-93 号，永福路 68 号

建成时间：1936 年

设计：不详

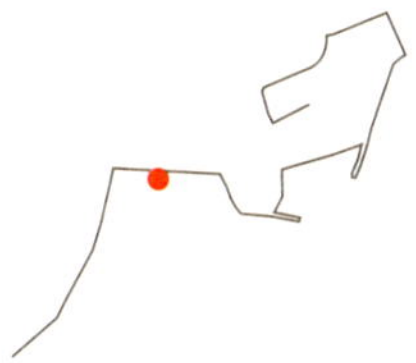

不同的风格会赋予建筑不同的“表情”，因此也带给人不同的联想。位于复兴西路 - 永福路路口的良友公寓，虽然只有六层，却沉重得像一个让人难以亲近的庞然人物。在经济利益最大化的驱动下，这个公寓的建筑面积已经撑满到无以复加的地步——整栋建筑是一个完完全全的“方盒子”。现代主义建筑推崇“功能至上”，摒弃装饰，注重使用平整的外表面充分表达空间的体量，窗的分布和大小，也完全按照使用功能设置，不再是立面构图上的趣味元素。这一切似乎都在传达一个信息——“住宅是居住的机器”[20]。外立面上颜色和材料的变化，稍稍缓解了建筑过于严肃、冷峻的“表情”，更加有趣的是，这栋公寓楼是典型的“心里美”——建筑内部，一部优雅的、钻石形状的楼梯盘旋而上……内外反差之大，着实令人惊讶。

建于 1936 年的良友公寓与建于 1924 年的武康大楼，都是在被两条街道夹成的楔形路口地块上建造的，但是在立面形式、交通安排、城市关系等方面却有着明显的不同，从中可以明显体察到十几年间上海建筑思潮的风云变幻。现代主义建筑的倡导者反对古典建筑那种繁复的装饰，认为“机器时代”的建筑要有自己的新价值，例如：建筑形式要能反映内部功能，纯粹的空间是建筑的核心，甚至认为装饰是不诚实的。他们相信，只要对建筑的功能和结构进行合理安排，美会自然而然产生。这代表了工业化时代中的一种理性思考，有其进步的意义；但是，它对古典美学的轻视和对装饰的抵触，也很容易让建筑设计进入另外一个困境。当新的美学还没有成熟的表现方法，而装饰又被一扫而空时，“诚实”建造的美感多少让人觉得有些乏味。

1
2
3
4
5

❶ 强调竖向线条，曾经是装饰艺术派的典型特征。在这里，简化后的竖向线脚简单粗暴但又经济实惠地强调着公寓楼位于路口的重要性。

❷ 通过建筑角部的凹凸处理，形成涂料墙面与褐色砖墙面之间的层叠关系。

❸ 两侧沿街立面形成的水平向条带，凸显了路口立面的竖向性。

❹ 建筑基座用横向线条仿效石材的砌筑效果，但因为尺度低矮、手法简单，所以现场效果并不理想。

❺ 建筑路口端墙面的女儿墙加高，应和着竖向线条，强化了建筑的“崇高”气势。

外国文学翻译家罗稷南、上海电影制片厂厂长张骏祥、电影《白求恩》的主演美国人谭宁邦等，都在此楼居住过。

9

有回廊，没修士

修道院公寓（The Cloister）

地址：复兴西路 62 号

建成时间：1930 年代

设计：公和洋行

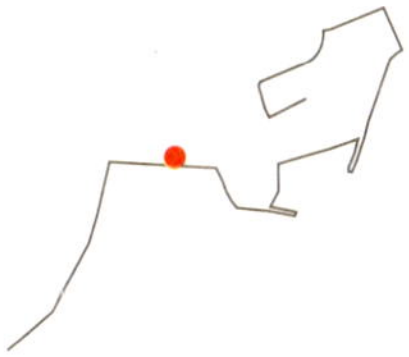

在复兴西路 - 永福路东北角，两栋矮矮的西班牙式小楼在街角对面良友公寓的映衬下，显得格外低调、朴素，这就是修道院公寓——一个因为英文名中有“Cloister”而得来的名字。Cloister 的意思是“修道院回廊”，它的词源同 Close，因修道者修行的地方需要隐蔽而得名。在这里取名“Cloister”，既有“回廊公寓”的意思，也带有远离城市喧嚣的“隐居”之意。虽然这栋楼里没有修士或修女，也与教会无关，但是仅对其名字的联想，还是让人品味到了“静思”和“隐居”的味道。建筑有前后两栋，当年主要的大门在西侧，前后建筑之间有拱廊联系，走在其中，颇有走在修道院回廊中的感觉。

修道院公寓原是英商密丰绒线厂老板的住宅，本是“前店后坊”的小企业商住楼模式——前面一栋住人 + 开店，后面一栋作为车间。密丰绒线厂后来发展得颇具规模，此处仅是其创业之初置办的家业。虽然建筑只有两三层，令人惊喜的“看点”却很多，例如室内那些精美的铁艺隔断，屋顶露台上铺贴马赛克[21]的半圆形喷水池，由于被拱廊分隔而若隐若现的庭院，等等。住宅内部住户与服务人员使用的楼梯分开设置，这种做法在当时比较流行于更高楼层的公寓中（例如麦琪公寓、伊丽莎白公寓），在两三层的建筑中很少见（例如柯灵故居），所以，修道院公寓是花园别墅与公寓楼的结合体。

在一个十字路口的两端，修道院公寓的疏朗幽静与良友公寓的密实高耸，既是不同住宅楼形式之间的差异，也是不同经济、社会状况，以及使用与审美需求等因素共同运作的结果。正是这种彼此间的差异，形成了城市丰富多变的“表情”。

❶ 南侧的大门很小，被两侧内凹进来的几块墙面烘托出平静、肃穆的感觉。进门之后的那部楼梯极富感染力。

❷ 建筑的外立面装饰很克制：黄色的水泥拉毛墙面，顶上是略微挑出墙面的红色筒瓦，所罗门柱式，卷花铁艺，二楼窗台下几块绿色的釉面装饰。

❸ 沿街的窗户有矩形和拱形两种。为了相互协调，矩形窗上方做出弧线的装饰造型，形成了立面细节上的丰富性。

❹ 虽然这是南立面，但是没有设置阳台，也没有一个雨篷[22]。这种立面上的极简处理，真有一种修行式的克制。

❺ 屋顶上有两个空旷的露台，还有马赛克装饰的小喷水池，非常令人意外。

❻ 众多美丽的铁艺装饰是建筑的一个亮点，在室内也有大量使用。

住宅西侧的永福路，旧时叫“古神父路”，这或许和“修道院公寓”名字的来源有关吧。

10

告别过去的大弧面

麦琪公寓（Magy Apartments）

地址：复兴西路 24 号

建成时间：1937 年

设计：赉安洋行

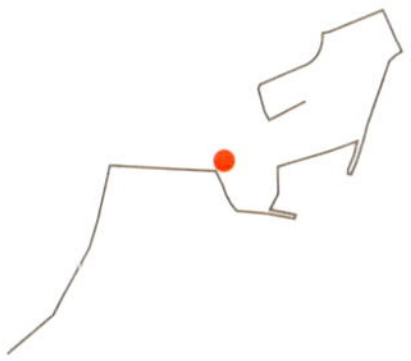

乌鲁木齐路旧名“麦琪路”（Route Alfred Magy），公寓因此得名。建筑大弧面正对的地方，现在是伊朗总领事馆，当年是个街角花园，因此，麦琪公寓是栋名副其实的“景观房”。麦琪公寓没有古典复兴建筑[23]中的柱式和那些习惯性做法，也摆脱了装饰艺术风格建筑中对竖向线条的依赖，它以每层同样的超大弧形阳台，让人感受到了在现代主义建筑手法下，高层公寓能拥有的全新面貌。这种外阳台不仅是实用的日常性空间，而且给居住者提供了眺望和欣赏城市景色的宽阔视野。建筑热烈地宣告着一种全新、开放的城市生活方式的诞生。

20 世纪 30 年代的上海，建筑师在探索现代主义建筑风格的过程中，进行了很多不同方向的设计尝试，将麦琪公寓与良友公寓进行比较就能看到其中的点滴：二者都是简单、规整的几何形体，良友公寓试图利用街口立面上的竖向线条来打破这种沉闷，但并不算成功；麦琪公寓用阳台轮廓形成的多个横向体量，对整个公寓楼进行了形体细分和重组，以弧形阳台为视觉中心，统领了建筑的各个部分，从而消除了“呆板方盒子”的印象。一般而言，在古典复兴建筑上虽然也会有阳台，但很少从上到下一直重复，这是因为那些阳台只是装饰性的元素，而不是被强调的中心。麦琪公寓把人活动的阳台空间作为核心来设计，创造出了一种新的视觉语言，一种与古典复兴建筑仪式性语言截然不同的日常性语言。

此外，还值得我们注意的是，当时上海建筑界出现的一种非常有趣的现象：一些在 20 世纪一二十年代里把古典复兴建筑做得非常地道的实力派设计机构，在 30 年代不约而同地转向了现代主义建筑风格的设计，例如公和洋行以及设计这栋公寓楼的赉安洋行。

4
1
3
2
2
24
5
5

❶ 大阳台光影充沛的雕塑般的形态有助于整个建筑立面的统一。

❷ 建筑转角窗打破了实墙的封闭性，同时，在视觉上强化了阳台的重要性。转角窗是现代主义建筑中一个很重要的标志性特征。

❸ 建筑的整体形态在对称中包含着不对称。弧形体量让公寓楼显得富于变化。

❹ 顶楼是一套跃层公寓，有大小两个露台，当年站在这里，应该有“伸手能触摸万千星河”（《余生》歌词）的感觉吧。

❺ 据文献记载，当年底楼除了公寓门厅外，还设置有车库、锅炉房等附属用房。

坊间称颂的上海法租界“四大老公寓”（武康大楼、首长公寓、麦琪公寓、卫乐公寓）中的三个都是来自赉安洋行的设计：麦琪公寓（复兴西路 24 号）、卫乐公寓（复兴西路 34 号）、首长公寓（高安路 60 号）。

11

绕过去看大肚腩

宋子文旧居（The Former Dwelling Place of Song Ziwen）

地址：东平路 11 号

建成时间：1921 年

设计：赉丰洋行

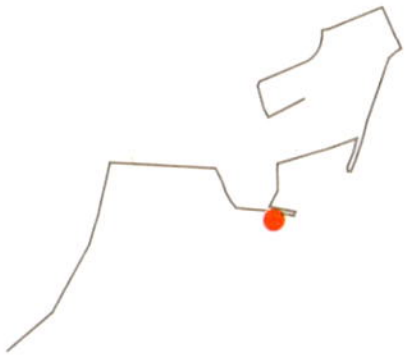

古典复兴建筑的“表情”是否真的只能是严肃拘谨？不是的。从严肃拘谨到轻松自在，有时只需要“两个面”的距离。站在东平路 - 宝庆路的转角看，这栋私宅方正端庄，立面上的窗户整齐划一，像是一座简约的带有文艺复兴风格的建筑。然而，建筑的门廊 [24] 偏在一侧并不居中，屋顶老虎窗 [25] 的位置也左右“游移”，这让人对建筑的严谨性产生怀疑。果然，“自在的天性”很快就展现出来：西立面上两个半圆形的体量，像快乐的气泡憋不住笑意似的从建筑中冒出来。紧接着，南立面上以白色古典柱式装点并带有弧形转角的敞廊（有封窗），像饱满而富有喜感的“大肚腩”，欢畅、任性地沐浴在阳光和花香中。

在这栋轻松愉快的建筑上，不乏“典故”型的建筑细部，蕴含着丰富的历史信息。例如北立面二层的“蒂沃利窗”，其样式来自公元前 80 年在罗马蒂沃利建造的维斯塔神庙。文艺复兴时期著名的建筑师安德烈 · 帕拉第奥在其所著的《建筑四书》一书中，首次收录了这种窗的测绘图样，并在自己的设计中多次使用这种窗样式。《建筑四书》是世界上流传范围最广、影响最深远的经典建筑著作之一，是古典主义建筑原则的奠基之作，后来成为“帕拉第奥主义” [26] 的主要灵感来源。蒂沃利窗通过帕拉第奥的努力得以复兴，在之后的文艺复兴、巴洛克风格以及古典复兴等时期，这种窗样式都是一个重要的建筑元素。与古典柱式一样，蒂沃利窗的出现使这栋建筑自然地与历史建立起一种联系。

❶ 建筑覆盖着双折的孟莎式屋顶[27]，上面那层坡很缓，所以需要离开建筑一段距离才看得见。

❷ 西立面这两个半圆形体量丰富了建筑的形态，它们用低于屋顶的檐口线，让其体量更加容易被注意到。

❸ 相比南立面那“大肚腩”似的敞廊，北入口门廊的细部显得过于简单。门廊不在建筑体量的正中，即形成的是“非对称”关系。

❹ 仔细看可以发现，这几个老虎窗的位置与墙面上的窗户没有很恰当的对位关系。也许是这栋建筑历经后期改造的缘故吧。

❺ 这就是“蒂沃利窗”——装饰线脚在窗底部和顶部都带有“窗耳”（位于窗四角上的外凸长方形线脚）。初期神庙中的蒂沃利窗，窗上部的宽度较下部窄，在后世的应用中，窗逐渐改成了上下等宽。

宋子文在上海的私宅有多处，是否为其“旧宅”也存有颇多争议。离此处不远的永嘉路 501 号——一栋德国城堡式的三层花园洋房，据称也是“宋子文旧居”。

4
5
2

12

一家人在散步

爱庐（Love Cottage）

地址：东平路 9 号

建成时间：1916 年（1928 年、1932 年多次扩建）

设计：美商中国营业公司（普益地产公司、思九生洋行）

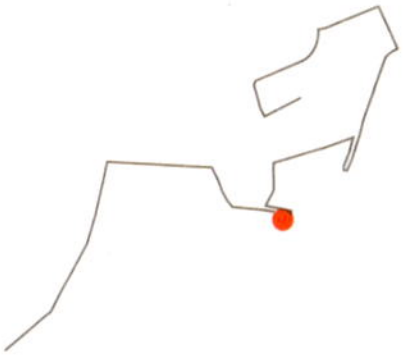

爱庐是当年蒋介石和宋美龄在上海的住所，1928 年由宋子文购入后赠给蒋氏夫妇。建筑的东部底层是一个能容纳四五十人的大客厅，客厅朝北有一个水平向的五联樘大窗，中间一樘做成拱券形，让住宅有了些许公共建筑的味道，这部分其实是 1932 年在扩建时根据宋美龄的想法新增加的。扩建改变了原有建筑拘谨、收敛的形态，变得舒展、开朗起来。建筑师的设计意图是，让扩建部分与原有建筑相协调的同时又相对独立。因此，建筑从西到东，虽然各部分体量逐渐变大，却和谐得仿佛是“正悠闲散步的一家人”。

爱庐曾经占地约 1 公顷，住宅正前方有草坪、水池、小径和两座太湖石的假山，景观设计呈现为一派田园风光。蒋介石十分喜爱这里，为其取名“爱庐”。

19 世纪在欧洲兴起的工艺美术运动致力于将美学与日常生活联系在一起，希望能从传统工艺中找到灵感，对后世艺术创作产生了深远的影响。在建筑领域，人们开始反思工业化的弊端，怀念更自然的乡村生活图景，建筑师希望摒弃传统的古典主义设计手法，回归到更朴素的风格，因此常在设计中使用一些便宜的、乡土的材料，并保留手工的痕迹。这种有意识的“低调”是为了与学院派的古典主义那种精致考究的建筑形成对比，表达与工业时代那种精确化流水线式产品的对抗。有趣的是，这种理想很契合中国传统建筑理念中的一种渴望：身居廛里，心系山林。于是，水刷石那种粗糙的颗粒感就不再是廉价的表现，而是乡野志趣的展示；大小不一的窗户不再是散漫的设计，而是自然天性的流露。建筑在大地上尽情地伸展自己，不再追求风格的纯正，而是要迸发原野般的生命力。

❶ 屋面是暗红色鱼鳞瓦（英国进口的巴特勒水泥瓦），在这个区域的建筑中是比较少见的。

❷ 水刷石的墙面与长短交错的隅石（墙转角石）相配合，让建筑充满粗犷的乡野气息。

❸ 也许是为了表现乡村的那种随意性吧，建筑中几个老虎窗特意做成不一样的形式。最大的这个在形体上就是整个屋面，造型很像中国传统建筑中的歇山顶[28]。

❹ 三心券[29]可以在拱高度有限的情况下做出更大的跨度。

❺ 建筑很多的地方都使用了水泥仿石材的粗面砌做法，反而显得散乱，有碍建筑的整体性。

❻ 弧线形的阳台托座，给建筑增添了几分柔情。

13

烟花般灿烂的砖

克莱门公寓（Clements Apartments）

地址：复兴中路 1363 号

建成时间：1929 年

设计：李维建筑工程师

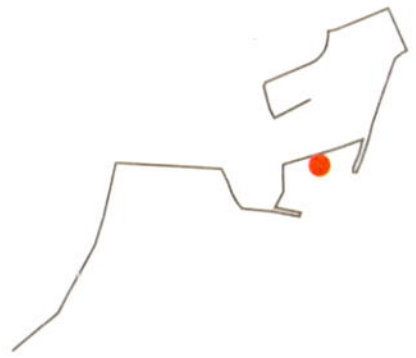

比利时人克莱门，原为法商电车公司的高管，后转行我们今天所说的“房地产业”，与教会合作，建造了这片法国式建筑风格的公寓楼，作为高档酒店式公寓，包月出租。相同的“品”字形的五栋楼在基地上排列成“X”形，红色的坡屋顶折叠起伏，点缀着白色的烟囱，十分抢眼。公寓楼的北向沿街立面对应着“品”字的下半部，正中巨大的凹陷空间指示着整栋建筑主入口的位置所在，这使得从街道上看过去，建筑整体的空间变化非常丰富。从克莱门公寓前经过，只需一瞥，你就会被它彻底地吸引住。它没有古典复兴建筑那种复杂的细部，而是用形体的进退、墙面的凸凹，尤其是红砖[30]在墙面上塑造的肌理变化，营造出令人惊叹的视觉效果。

由于东西方烧砖工艺的不同，红砖并不是中国的传统建筑材料。1843 年上海开埠后，红砖才开始在上海出现。位于九江路 - 江西中路转角处的圣三一教堂，建成于 1869 年，是上海较早的红砖建筑。考虑到当时的英国正盛行用红砖建造哥特复兴式的建筑，因此英国侨民在上海用红砖来建造教堂，也有一种以“占领者”的姿态进行文化输出的炫耀心态吧。对于中国人来说，先是把红砖建筑与西方文化画上等号，渐渐地开始接纳并广泛使用，从而在更多的房子中全部或部分使用红砖作为结构或装饰用材料，例如，在石库门建筑的外墙上就常能看到红砖砌筑的装饰线脚。

在克莱门公寓的北墙面上，红砖有三种不同的表达：底层全部使用红砖，红砖表现得像墙体的砌筑材料；中间层，红砖被用来勾勒建筑的形体轮廓；顶层，两块红砖拼成的方形块，像马赛克一样点缀在墙面的拉毛涂料间。自下而上，红砖绚烂美丽得犹如满天绽放的烟花……

❶ 每栋建筑北侧巨大的内凹入口空间，强烈的围合感营造出宫殿一样的气派。公寓楼入口本身小巧精致，大门显现出装饰艺术派风格。

❷ 这两处弧形体块与中间的楼梯间一起，用波浪式的起伏与平直部分形成对比，让整个建筑极富动感。

❸ 浅色涂料墙面上做出弧形的拉毛纹路，用红砖镶拼出的多种线脚和图案，既有西方的传统意象，又现代感十足。

❹ 这段墙面用砖镶拼出镂空花饰，其室内原是服务人员用房。

❺ 为了私密性和避免视线干扰，一层房间的窗都开得比较高。这扇窗右侧是供服务人员使用的楼梯间入口，每个单元都有同样的附属服务设置，可见当时克莱门公寓的住宿标准之高端。

这里一直是电影、电视剧的热门取景地，如根据曹禺话剧改编的电视剧《日出》、经典的沪语电视剧《孽债》、由许鞍华执导的电影《半生缘》等。

14

在路边支一张桌子

黑石公寓（Blackstone Apartments）

地址：复兴中路 1331 号

建成时间：1924 年

设计：泰康洋行

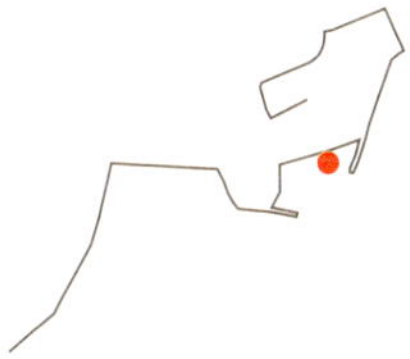

“黑石公寓”的墙并不黑，但它有一种能与其名字匹配的强大气场。当你走在复兴中路上时，迎面与那一排沧桑的科林斯双柱[31]相遇，就会身不由己地被吸进它那幽暗巨大的门廊中去，昏暗中似乎能听到一个低沉的声音，仿佛是从历史深处发出：“欢迎进入。”一则由于用地受限，二则为了方便汽车的进入和停靠，建筑的整个门廊几乎要伸到道路上，像是在路边支起的一张“大桌子”。门廊的华丽反衬了门厅和楼梯的局促、简陋。门厅很不显眼，而两部楼梯更是只能憋屈地挤在角落里，贴着柱子与墙壁之间的空隙，把人引到开阔的二层露台上——这种有趣的入口空间，在上海几乎是绝无仅有。

二层露台就是门廊的顶部，其平面形状主要是由正、反几段弧线围合而成，露台上方可见建筑立面正中逐层收小的弧形阳台。我们在麦琪公寓中说过，古典复兴建筑中的阳台更多是起到装饰作用，这在黑石公寓中就表现得很明显。这几层阳台把我们的视线引向上方屋顶处高高升起的一片标有“1924”字样（建筑落成时间）的弧形墙面。虽然阳台和建筑局部的曲形墙面柔和了整体上直线条的方正体量，但当细腻的檐口和线脚装饰与粗犷的露台、阳台栏杆在视觉上猛烈地碰撞在一起时，又让人感到猝不及防；虽然白色的壁柱营造出一种严谨的立面氛围，但很快又被屋顶上“闲置”的那些空构架冲淡了……所有这些冲突汇合到一起，共同形成了黑石公寓独特又复杂的“表情”—— 一种带有巴洛克意味的折中主义[32]风格建筑特有的“表情”。相比同年建成的武康大楼，黑石公寓呈现出一副“生猛”却又有些“迷茫”的样子。

6
4
3
1

❶ 楼梯本是古典复兴建筑中重要的构图元素，但在这里失去了应有的气势，局促地两侧侍立。

❷ 宽敞的门廊使用简化的科林斯双柱支撑，这种气势在上海的老公寓中难得一见。

❸ 阳台后方的墙面也做成弧形，与阳台一起强化了建筑立面的中心轴对称。

❹ 建筑檐口和线脚上都有细致的古典主义风格的装饰。

❺ 露台、阳台粗犷的"X"形栏杆与下方细小齿饰形成很大的视觉反差。

❻ 登上黑石公寓的屋顶，有绝佳的视野。这种屋顶兼作景观露台使用的老公寓在上海已经不多了。

据史料记载，民国时期著名的教育家、社会活动家、北洋政府第四任国务总理熊希龄与夫人毛彦文结婚时的新房就在黑石公寓 3 楼 36 号。
1945 年后，联合国善后救济总署曾在此办公，插美国旗，因此这栋楼又被称为"花旗公寓"。

15

双筒望远镜

伊丽莎白公寓（Elizabeth Apartments）

地址：复兴中路 1327 号

建成时间：1930 年

设计：李维建筑工程师

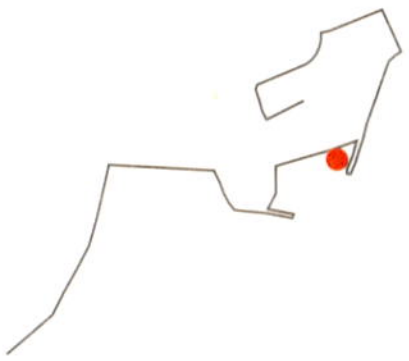

伊丽莎白公寓并不显眼，也不出挑，它的存在感很大部分是在与黑石公寓、克莱门公寓这两个“邻居”的对比中才凸显的。伊丽莎白公寓形体简洁，北侧邻街面布置内凹的主入口，楼栋转角处非常自由地突出了两个巨大的圆筒。这种强烈的“圆”与“方”的对比，以及用大的体块组合呈现建筑力量感的设计手法，表达了现代主义思潮对简洁几何形体和建筑功能性的追求。两个圆筒形体量是当年供服务人员使用的附属楼梯间——建筑上最活跃的造型元素匹配着附属功能，难免让人有主次颠倒的感觉，但在上海的老公寓楼中，这巨大的“双筒望远镜”造型一直都十分亮眼。

复兴中路上这三栋毗邻的建筑，同为公寓，形象的差别却如此之大，这让我们留意到建筑立面在形成建筑风格中的意义。建筑立面是建筑的一层“皮肤”，通过它把建筑的内部包裹起来，从而使得建筑物获得了其自身对外的形象。公寓建筑内部的功能布局是根据当时的社会条件和人们的居住方式来决定的，因此它们往往具有相似性。通过包裹不同的外立面，消隐了彼此之间的相似性，建筑因此获得了自己的个性和“表情”。选择什么样的立面，既反映了业主、建筑师以及时代的审美，同时也有经济和技术等方面的考量。克莱门公寓的绚烂，黑石公寓的气势，伊丽莎白公寓的自由——这些都是我们通过建筑立面形式阅读到的内容。

❶ 所有能称为“细部装饰”的做法都集中在公寓楼正中心的顶部，用以标示这个中心体块的绝对重要性——建筑的主要交通枢纽——主入口和主楼梯所在。

❷ 在客厅处设置转角窗和水平长窗[33]，这是现代主义风格建筑才有的，这种做法在当今的住宅中依然流行。

❸ 高窗[34]对应的地方通常是厨房或卫生间，有时这样的设计更多是为了构图形式，而不是功能的必然。

❹ 主楼梯间通过窗与窗下墙的大块面虚实变化成为建筑沿街立面的视觉中心。

❺ 通过长条形窗和窗下墙的高低变化，显示出内部楼梯盘旋而上的走势。

文献记载，自建成至太平洋战争爆发之前，这栋公寓楼里居住着来自英、法、美等多个国家的外侨。

1
2
3
4
5

16

请叫我“小白宫”

公董局总董官邸（Chairman of the Municipal Council’s Official Residence）

地址：汾阳路 79 号

建成时间：1921—1922 年

设计：克利洋行

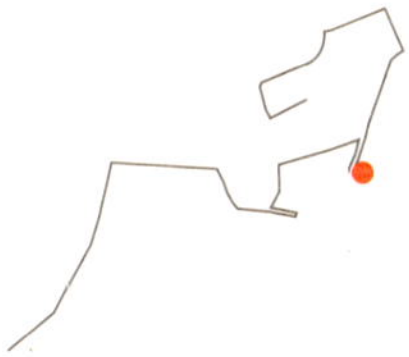

这栋备受称赞的法国文艺复兴风格的建筑，是原法租界公董局总董的官邸。刚开始建设的时候，毕勋路（即现在的汾阳路）附近还都是农田和村舍，因此当时官邸占地面积很大。建筑师把建筑放在用地北端，由于设有半地下层，建筑一层地坪被很夸张地抬高了，一层中部是前凸的圆形大厅，打开落地门，大厅空间与圆弧形的室外平台便连通在一起。平台两侧各有一部弧形室外大楼梯，使进入建筑的过程变成了充满戏剧性的一种“仪式”，而高度造成的人们不得不对建筑的仰视，也意味着某种“不容触犯”的威严。当主人站在平台上俯首迎接沿着弧形楼梯拾级而上的宾客时，权力与地位尽显无遗。

公董局是当时法租界的最高行政当局，总董官邸无疑要体现法式建筑所推崇的那种“优雅”“高贵”和“浪漫”的情调。此建筑虽然只有两层，但很有气势。建筑整体的比例和构图都相当严谨，“横向三段式”和“竖向三段式”的划分非常完美。

建筑细节很多但彼此呼应，比如楼梯侧壁上半圆拱券形壁龛与一层半圆形券落地门窗的呼应，楼梯、平台栏杆与屋顶栏杆的呼应，等等。从一层到二层，壁柱柱式优美而庄重，赋予建筑立面上不同的节奏感，而上下两层不同样式和繁简度的成对壁柱有效地突出了建筑重点部位，并保证了其整体上的协调性。公董局总董官邸凭借着“外貌”与美国白宫的几分相似，常被人们称为“小白宫”，它对上海近代建筑的影响很大，后建的一些别墅或公寓都或多或少地对它进行模仿，如延庆路 135 号。

❶ 这两部弧形的室外大楼梯烘托着平台中间壁龛的喷泉，成为整栋建筑中最活跃的元素。

❷ 站在平台上，可以凭栏眺望建筑南侧的法式大草坪。在建筑与景观之间有明确的空间分隔，是法国宫殿式建筑的特点。

❸ 一层的门与落地长窗形式几乎一样，这种弱化入口的做法，是为了在建筑水平方向形成统一的形象。

❹ 二层简朴的矩形窗配三块拱顶石雕饰，显得庄重；一层拱券落地窗配单块拱顶石 + 垂花饰[35]，显得柔美。二者形成了鲜明的对比。

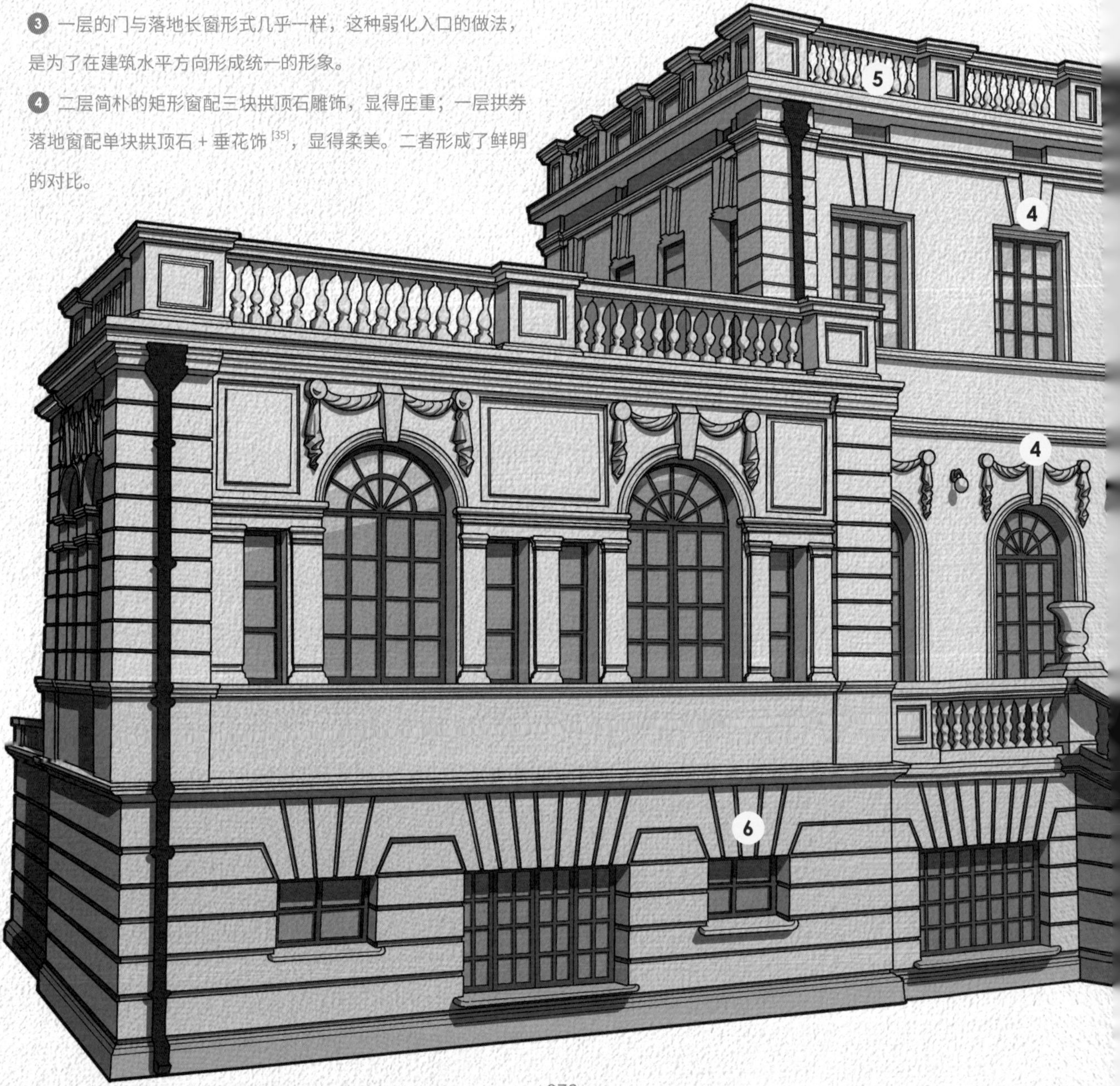

5 屋顶上宝瓶栏杆与室外楼梯上的宝瓶栏杆遥相呼应。

6 半地下室的窗楣上使用夸张的拱顶石线脚，与墙面上的仿石水平线脚一起强调了建筑基座的稳重感。

1945 年抗日战争胜利后，这里曾作为联合国世界卫生组织在亚太地区的第一处办公地。1963 年，上海工艺美术研究所迁入，后改为上海工艺美术博物馆。

17

西班牙风情的典范

海关税务司官邸（Commissioner of Custom’s Official Residence）

地址：汾阳路 45 号

建成时间：1932 年

设计：海关营造处

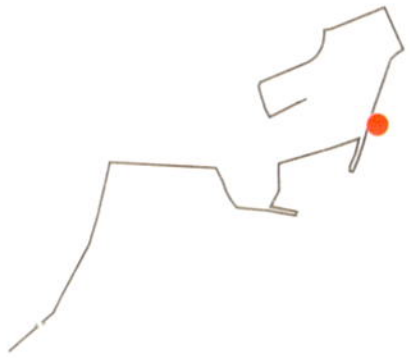

这栋总占地达到 8000 平方米的西班牙建筑风格的住宅，原是海关税务司的官邸。近代中国，海关高职一直是外国人一统天下。1928 年，丁贵堂（1891—1962）出任中国海关副总税务司，成为海关高职的“中国第一人”。抗日战争胜利后，丁贵堂入住此楼，成为这座住宅的“华人入住第一人”，所以此处又被称为“丁贵堂住宅”。

与公董局总董官邸隐含的政治需求一样，这栋楼也要体现出海关税务司高职所拥有的社会地位；但是，二者相较之下，这栋楼显得更加低调、平易，少了一些官威，多了一些普通人的生活情调。

建筑的两个入口非常有特点。北入口位于顶部曲线分段叠落的山墙面上，曲线流畅，而山墙上的四个窗洞形态各异，底层的入口仿佛是从一片陡峭的山崖中开凿出来的，虽然没有醒目的标志，却足以让人过目难忘。南入口在建筑底层的南向大厅处，设计成连续拱券的门廊式样。门廊隐藏了大厅和底层公共空间的宏大尺度，再加上二层的那些小阳台和鲜艳的红色瓦顶，俨然一派西班牙乡间住宅的质朴与惬意。

一路走来，你会发现，住宅风格林林总总，西班牙建筑风格是其中很常见的。西班牙建筑风格的主要特点是：建筑外表有鲜艳、明亮的色彩，或黄或白；有半圆拱券形的门廊或门窗；屋顶坡度较缓，用红色陶筒瓦覆盖；门窗间常见螺旋形的所罗门柱式；有铁艺栏杆或窗花。

在与公董局总董官邸威严的法国文艺复兴建筑风格对比下，海关税务司官邸丝毫不见逊色，反而更有一种放松后的自信满满，而这栋建筑也常被人们赞誉为沪上“西班牙风情的典范”。

❶ 券柱式三联窗的中间采用所罗门柱式做分隔。这种中间拱券 + 两侧平券的形式来自 16 世纪意大利文艺复兴大师帕拉第奥设计的一种券柱式围廊——后世称之为“帕拉第奥母题”。

❷ 西班牙建筑风格的阳台，常见在砖砌栏板上挖洞，洞中以铁艺形成样式丰富的栏杆。

❸ 屋檐下两层连续的券形装饰带，其特别的形式暗示了西班牙建筑风格中带有伊斯兰建筑装饰的痕迹。

❹ 建筑总体上中轴对称，但在两侧形体的局部又呈现出各自独特的风貌，建筑因此显得灵活多变。

❺ 设置有三个连续拱券的门廊是古典复兴时期乡村建筑最喜欢使用的一种入口形式。

❻ 在西班牙建筑风格的住宅中，柱式很少严谨地遵循古典柱式样式，通常会加以简化和创新。

中华人民共和国成立后，海关税务司官邸曾一度归属上海海关专科学校，之后，由海关总署管理。

18

合奏曲有点乱

犹太俱乐部（Jewish Club）

地址：汾阳路 20 号

建成时间：1910 年代

设计：不详

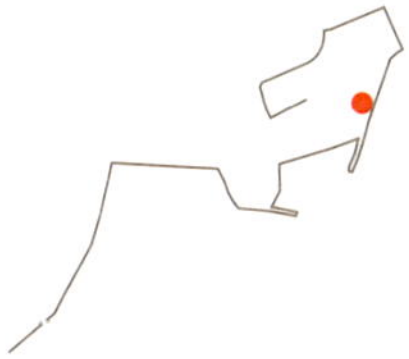

为了充分显示建筑结构的力量，并获得最多的室内光照，我们眼前看到的犹太俱乐部的门窗洞口几乎大到了每个开间的极限，只留下线脚勾饰的隅石转角。虽然，整个南立面的“三段式构图”还清晰可见，但门窗相同模式的排布方式难免让建筑显得有些呆板。

不同于以往看到的古典复兴建筑在整体形式上的协调统一，这栋建筑的形体被莫名地截然分成几部分：建筑主楼是白色的，立面匀称、规则；1947 年之后加建的一个巨大半圆形建筑体量突出在主楼东侧；主楼西侧是红色的副楼，立面设计有些随意……各部分的“表情”不一使得建筑虽不乏局部的精致却无法形成整体上的和谐，许多雅致、有趣的细部像展览品一样被嵌在不同方位的立面上，等着人们围绕建筑观看时，去发现惊奇。

建筑中的纠结与庞杂对应着它所见证的那段跌宕的历史：此处曾属于英商天纶洋行大股东——犹太人尼西姆。1941 年 12 月太平洋战争爆发后，尼西姆被关进虹口“犹太人隔离区”，这栋楼被日军霸占作为日本军官住宅。1945 年日本战败后，上海原来被遣散的“犹太俱乐部”得以恢复。1947 年 4 月，犹太俱乐部将此处作为其活动基地。遥想当年那些漫长的冬夜，旅居异乡的犹太人在这里集聚一堂，围坐在火光摇曳的壁炉前，倾诉劫后余生的庆幸与苦痛……这栋建筑给了他们极大的慰藉。

仅就建筑艺术而言，犹太俱乐部或许像一首南腔北调的合奏曲，而要理解其种种杂乱和不协调，必须要将建筑放到复杂的社会背景与建设背景中去阅读才行。

❶ 正立面中心对称，强调横向三段式构图，中间部分原设计是外廊，改成窗后，立面显得封闭了许多。

❷ 这种窗是整个建筑中最出彩的部分，外窗台和窗棂[36]都做成斜切面，显得精细、别致。

❸ 外墙仿石材肌理，转角部分做出水平线脚，用来模拟隅石。

❹ 屋檐下和建筑一二层分界的楼板位置都有齿饰，虽然大小不同，但形成了很好的呼应关系。

❺ 副楼立面的门窗设计，因为从比例到样式与主楼的呼应关系很弱而显得有些随意。

❻ 这里把壁炉烟囱和老虎窗组合起来，形成了一处特别的视觉焦点。

1958 年起，该楼归属上海音乐学院。

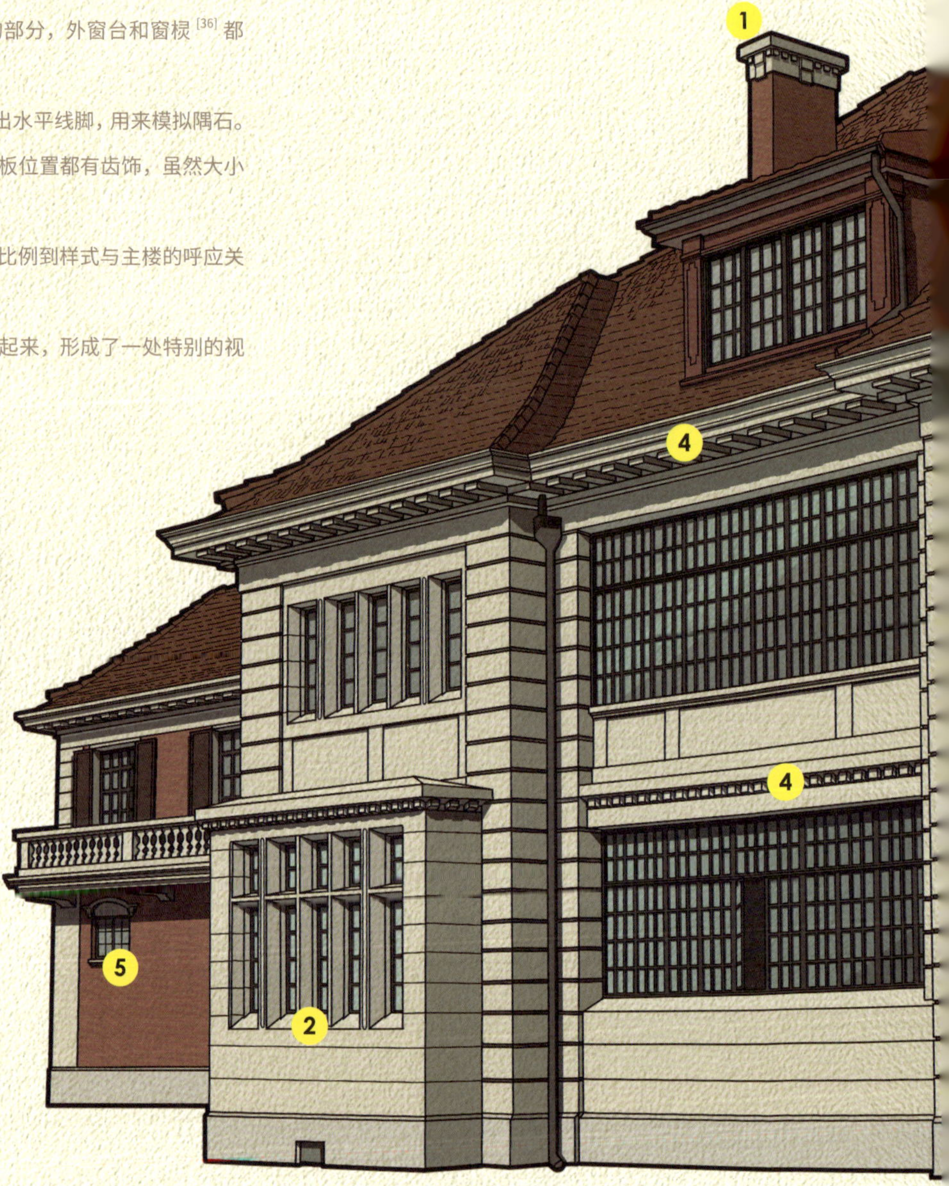

6
3

19

粗犷是假象

比利时领事馆（Belgium Consulate）

地址：汾阳路 20 号

建成时间：1926 年

设计：不详

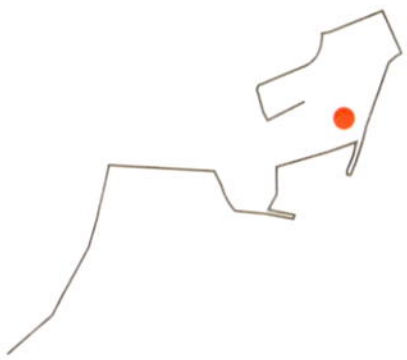

在树丛掩映下，你可能意识不到这是一栋多么丰富、有趣的建筑，其立面的节奏感来自对简单几何形的运用：建筑底层是一系列半圆形券，二层一系列两两成双的纤细方柱界定了敞廊上的矩形开间，屋顶的老虎窗隐含着一系列不同大小的三角形墙面……你很难归类这个建筑是什么样的风格，但是你很容易读出这个建筑的“表情”——开朗、质朴、不拘小节。建筑师摆脱了古典设计手法的牵绊，柱子简化到只有隐约的线脚，粗大、稀疏的石头贴面清晰地表达着装饰的意图，大小不一的老虎窗像是一群随意散落到屋顶的“空降兵”……所有这些似乎是被不经意地组合在了一栋建筑上，却达成了一种天真无邪的“可爱”效果。复杂多变的建筑元素和谐地统一在一起，在那粗犷的水泥拉毛墙面和厚重的毛石[37]面之下，跳动着的是建筑师那颗细腻、敏感的执着追求美的心。

在武康大楼中，建筑的和谐来自每个局部恰到好处的比例和样式，以及每个局部都被仔细地嵌入整体中。而在这里，建筑的各个局部之间更像是在不停地进行对比，以一种强烈的反差和冲突制造出视觉上的张力，唤起一种新的建筑生命力，以一种热火朝天的“喧嚣”，与古典复兴那种沉静的美告别。

现代主义建筑大师勒 · 柯布西耶在其著作《走向新建筑》中说：“人们使用石头、木材、水泥，人们用它们造成了住宅、宫殿，这就是营建。创造性在积极活动着。但突然间，你打动了我的心，你对我行善，我高兴了，我说：这真美。这就是建筑。艺术就在这里。”

❶ 双折的孟莎式屋顶非常陡峭，大小老虎窗穿插其中，形成极其丰富的视觉效果。

❷ 山墙面上做出木结构装饰，典型的北欧建筑风格。

❸ 二层的敞廊用透空的双柱和横梁作为外支撑，与一层的拱廊在颜色和质感上形成强烈反差。

❹ 一层外廊拱券上，间隔着使用毛石贴面，有意让人知道这只是装饰而非真正的结构构件。

❺ 最外面一圈低矮的透空栏杆，围合出拱廊外的平台空间。

1927 年起，该楼作为比利时领事馆，曾于太平洋战争期间关闭。1958 年起，该楼归属上海音乐学院。

1
3
3
4
5

20

中西合璧小木屋

海关俱乐部旧址（Wood House of Customs Club）

地址：汾阳路 9 弄 3 号

建成时间：1898 年

设计：不详

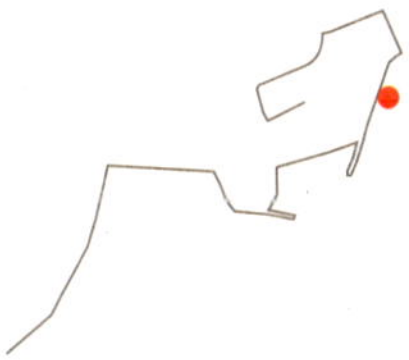

19 世纪末，上海海关在郊野买进一块 23 400 平方米的土地，在这块地的中间，建造了一栋二层的木结构洋房，作为上海海关俱乐部。远离家乡的外国海关职员，从喧嚣的城市来到这处宁静的乡村小屋喝酒、聚会，打发闲暇。这栋楼是上海现存建成时间较早的近代独立式花园住宅之一。

这栋建筑有一种“古怪的表情”。台锥形屋顶、老虎窗、尖塔、鱼鳞状的屋面瓦，显然一派西式建筑的样貌；但是，每个起翘的屋面檐口却有着中国传统木构建筑的风范，而南侧敞廊的柱头上，更是出现了类似雀替[38]的构件。面对这种中西合璧式的建筑，人们自然而然想到的一个问题就是：“为什么会出现这种情况呢？”

1843 年上海开埠以后，才有了西式建筑的建造。就主流而言，上海近代建筑的发展过程是一个西式建筑样式和设计思潮集中涌进并蓬勃发展的过程。然而，在这个过程中，尤其是早期，中国传统建筑文化与思维模式不可避免地还会在其中发挥作用。当然，有些是出自外国建筑师之手的所谓的“中国式”建筑，做出类似中国传统木构建筑的曲线屋面，但做法与真正的中国传统木构建筑大相径庭。另外，由于当时建设项目广泛依靠的是本地的施工机构和施工人员，在早期设计图纸不完备以及国人对西式建筑了解有限的情况下，施工人员把自己熟悉的传统建造经验和思维模式套用到西式房屋的建造中去是稀松平常的事。以上说明了为何这栋海关俱乐部的楼中会有类似雀替的构件，以及类似中国传统木构建筑屋顶那样起翘的檐口。这种中西合璧，有主动模仿的因素，也可能是技术惯性下的结果。

3
2
4

❶ 建筑南向设方柱敞廊，柱头两侧的装饰构件与中国传统木构建筑中的雀替相仿。

❷ 建筑是木结构，外墙面使用横向铺设的木板条，每一条宽 14 厘米，厚 8 厘米。

❸ 用鱼鳞状瓦楞薄板铺砌屋面，至今已经超过百年，足见其质量上乘。

❹ 为了防潮，建筑地坪被架空抬高了 1 米左右。

❺ 檐口翘檐的台锥形屋顶，其整体形式与中国传统木构建筑中的盝顶[39]相似。

海关俱乐部建成 30 多年后，在这块宽裕的基地上，海关税务司官邸（汾阳路 45 号）拔地而起。

55
新乐路

21

洋葱有乡愁

东正教圣母大堂（Russian Orthodox Mission Church）

地址：新乐路 55 号

建成时间：1936 年

设计：彼特罗夫，利霍诺斯

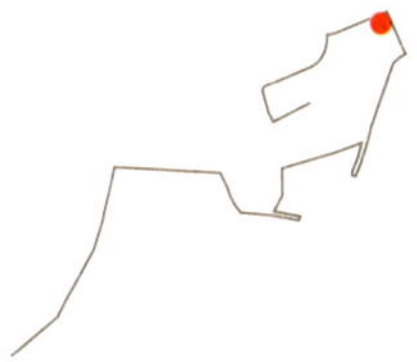

一座建筑在城市中的出现与分布，看似随机，但实质上都有其内在的更深层次的原因。1901 年，上海第一个东正教堂在闸北建立，1932 年“一·二八”战事中，此教堂被炸毁。于是，在当时教区主教维克托的号召下，俄侨捐资建造了东正教圣母大堂，建设地点靠近霞飞路（即今天的淮海中路）。自 1917 年俄国十月革命以后，大批俄国贵族流亡上海，定居在法租界。根据熊月之先生在《上海人解析》一书中的记载，1936 年上海有俄侨 21 000 人，远超英、美、法、德等国的外侨数量。俄侨带来了相应的欧洲文化和欧洲生活方式，并成为法租界西区片区文化的主流。霞飞路商业街形成于 20 世纪二三十年代，由于俄侨在其中的重要贡献，使得霞飞路一带几乎成了上海俄侨社区的代名词。东正教圣母大堂在这个区域的建立，对维系和发展俄侨社区文化具有特殊作用，也是当时俄侨社区经济繁荣的最好见证。

教堂平面外轮廓基本为方形，通体高达 35 米，5 个孔雀蓝色的“洋葱头”式穹顶浑圆而饱满，是当时上海法租界的著名景观。这座具有浓郁俄罗斯建筑特色的教堂，可以同时容纳 2500 名信徒做礼拜。这里曾经是俄侨举行宗教仪式的场所，充溢着寓居此地俄侨的浓浓乡愁……东正教圣母大堂既是近代俄侨的精神灯塔，也是见证上海近代社会发展的地理坐标。

1949 年之后，俄侨归国，近代社区文化的记忆逐渐消散在时光中。2007 年，历经多次修缮的东正教圣母大堂在鼓座 [40] 和穹顶部位被涂料湮没近半个世纪的 9 幅油彩壁画重见天日——这是上海首例保存完好的湿壁画 [41]，其中穹顶上的壁画与莫斯科救主基督大教堂（1931 年被拆除）的穹顶壁画惊人地一致，让人看到了相隔万里的建筑之间所拥有的“精神纽带”。这是一座带有神秘异域风情的宗教建筑，更是一处蕴含着包容与博爱的文化遗产。

1
2
3
4
5

❶ 俄罗斯东正教堂的色彩明亮艳丽。上海这座东正教圣母大堂的屋顶上有金、蓝、红三色。在东正教中，金色象征王者的荣耀；蓝色象征至高的纯洁与贞洁；红色象征基督的救赎与圣灵之火。

❷ 这种样式的穹顶，俗称“洋葱顶”，穹顶外用木构架支起一层铜皮或铅皮的外壳，浑圆饱满，也有称“战盔式穹顶”，是俄罗斯的建筑特色。为了让穹顶显得更加醒目、挺拔，在穹顶下设有鼓座。鼓座上有窗，作为室内天光的来源。你体验过几缕天光投射进幽暗教堂内营造出的那份肃穆与静谧吗？！

❸ 东正教圣母大堂有一个大穹顶和四个小穹顶，五个穹顶象征着耶稣和四位传福音使徒。教堂平面呈横向与竖向等长的“十”字形，即建筑专业术语中的“希腊十字式”。

❹ 山墙面直抵拱顶的尽端，如此大小不一、此起彼伏的建筑面貌正是俄罗斯东正教堂的典型特征。

❺ 大多数东正教堂的主入口设在西侧，但因为用地限制，这座教堂的主入口设置在建筑的北侧。

❻ 在教堂南侧，有一栋三层楼房，为神职人员的住宅，窗户上有拱檐线脚，具有中世纪建筑的特色。

在上海黄浦区皋兰路16号还有一座东正教堂——圣·尼古拉斯教堂，建于1932年。

22

华丽之美

拿培住宅（Gubbay House）

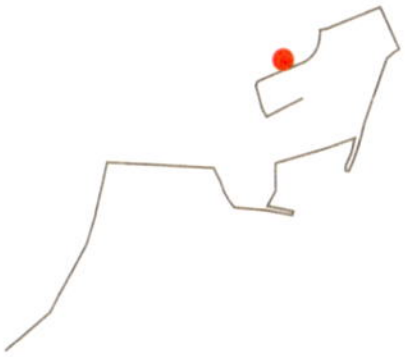

地址：延庆路 130 号

建成时间：1928 年

设计：赉安洋行

一座小型的住宅可以有多华丽，拿培住宅是个好例子。周围的建筑占据了它原来的院子，使我们失去了最佳的欣赏角度，但你走到跟前，还是会为拿培住宅那种戏剧性的美所震惊。不同于“小白宫”那种清晰而直接的形体并置，拿培住宅的装饰辞藻显得精致而略带浮夸，对比强烈，同时隐藏着一种不安定的动感。似乎是唯恐设计不够用心，建筑立面上挤满了细部：雕像爬上了拱顶石，拱顶石往上钻进了山花[42]，把灰泥[43]装饰挤得像波浪一样朝两旁翻涌，而山花似乎占据正面还嫌不够，又在侧面“克隆”了自己……所有这一切，相互嘟囔着、簇拥着、推搡着，都想从建筑的整体中跳脱出来展示自己。在这里，“小白宫”那种庄重的仪式性功能消失了，建筑致力于制造一种惊喜的效果和对心灵的感召。

我们很难把那么简洁的麦琪公寓与如此华丽的拿培住宅联系起来，不过，它们确实都是赉安洋行的设计作品。赉安洋行是 20 世纪二三十年代上海法租界中最活跃、最耀眼的设计公司之一，由法国人亚历山大 · 赉安和保罗 · 韦什尔于 1922 在上海法租界合伙成立，1934 年 1 月，亚瑟 · 克鲁兹成为公司的第三个合伙人。赉安洋行的设计作品种类繁多，遍布法租界各处，而且作品风格多样，一直引领着当时法租界的建筑设计潮流，对这一区城市风貌的形成起到了很重要的作用。

在当时的上海，有一个很有趣的现象：让建筑师声名鹊起的作品大多是西式的复古风格。比如，当时还在克利洋行工作的邬达克设计的武康大楼、公和洋行设计的有利大楼等。赉安洋行同样因为几个古典复兴和折中主义风格的作品而享誉沪上，其中包括大型的公共建筑法国总会（今花园饭店裙房）和小型的花园洋房拿培住宅。

西式的复古建筑思潮和设计风格作为舶来品顺应着其在国际上的潮起潮落，而经过建筑师适应本土的创造性设计后，上海建筑风格开始展现出更多的可能性。一反大中型古典复兴建筑的庄重、严谨，拿培住宅让我们惊喜地看到建筑的另外一面：亲切中带着矜持、细腻中不乏灵活，其折中主义的建筑气质与这座城市的丰富性正相契合。

1
2
3
4
5
6

❶ 弧形的山花下方被断开，一块超大的拱顶石夸张地成为山花装饰的重心。“断裂式山花”曾经是巴洛克建筑的特征之一，它为建筑要素之间的互动留下余地，赋予建筑物的立面以动感。

❷ 二层门框上的拱顶石外饰雕刻头像，称作“拱顶石面具”，具有强烈的装饰效果。

❸ 粗壮的栏杆柱上饰以尺度同样夸张的石刻花盆，与一层建筑立面上敦实的方形仿石壁柱相呼应，让立面的序列感得到进一步强化。

❹ 壁柱柱头造型经过简化和抽象，并不追求古典柱式的纯正细节。

❺ 底层入口处，目前看到的景象是大面积落地门窗，原设计应为凸弧形的柱廊。

❻ 建筑立面上各种样式的装饰无处不在，比如这里的小圆盘饰[44]。

据说，“文化大革命”的时候，有心人用泥灰把拱顶石上的头像雕刻糊没，头像才得以保存下来。

23

光与影的力量

赛华公寓（I. S. S. Savoy Apartments）

地址：常熟路 209 号

建成时间：1928 年

设计：法商营造实业公司

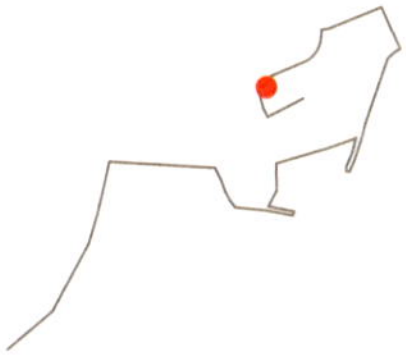

这栋沿着常熟路 - 延庆路转角对称展开的九层公寓，让我们看到了现代主义建筑设计手法的另外一种可能——非常大块面的体量 + 强烈的虚实对比。沿街立面上，每层四部开敞楼梯处形成巨大的洞口，悬挑的梯形阳台投射下深远的阴影，楼梯柱和斜向的梯段被刷成白色，仿佛刻章衬托着洞与影的黑。整栋建筑充满了雕塑感。赛华公寓与武康大楼都是由万国储蓄会下属的中国建业地产公司投资兴建，在武康大楼法式古典美之后，赛华公寓向我们呈现了现代主义建筑光与影的力量——光有多强烈，影就有多幽深。

有趣的是，在赛华公寓深远的水平檐口之上，伫立着由众多小体块组成的“阁楼”，它们似乎在以眺望的姿态、抽象的形式追忆着曾经的老虎窗，为这座本已力量感十足的建筑再添峥嵘气势。

建筑常能勾起人们的回忆和联想，有些是直接的再现，有些则比较抽象。我们已经在武康大楼上看到经过简化但依然古典的檐部做法，在这里不妨再探讨一下赛华公寓的檐部。在古典建筑中，例如希腊神庙，檐部是建筑立面的视觉重点，而檐口下的檐壁[45]则是重点装饰部位，常常饰以精美的浮雕，这样的组合已经成为惯例，也成为西方古典建筑的代表性样式。赛华公寓虽然在体量与整体形式上与“古典建筑”相去甚远，但其顶部檐口之下，竟也设置了周圈像檐壁一样的装饰带，上刻抽象的浮雕图案，仿佛在表达与“古典”的某种关联。正是这种关联，让这栋建筑具有了更多的意蕴：所有的风格都无法与过去一刀两断，每一次新的艺术思潮与运动看似彻底的决裂，其实依然会留有往昔的余响……

1
3
6
2
5
4
NINI
SFEEL G

❶ 檐口下这一圈白色的檐壁装饰带上，雕刻着图案化的太阳与凤鸟。西方的细部，东方的图样，各种元素的大融合正是那个时代特有的现象。

❷ 正对路口转角，梯形平面的凸肚窗与两侧挑出的梯形阳台的一起，形成立面上高低起伏的韵律感。

❸ 深远的檐口像是建筑体量上的一道休止符，“音乐主旋律”的短暂停顿后，“尾音”（那些大小不一的体块）又此起彼伏。

❹ 底层装饰带上浅刻云水纹，寓意“吉祥”。

❺ 这些沿街立面上的楼梯属于服务性附属楼梯，公寓另设依附着电梯盘旋而上的主楼梯，与朝向内院的单元入口直接对应。

❻ 灰色水泥拉毛墙面搭配上下两道白色装饰带，形成建筑的垂直向分段，非常有气势。对比相同配色的密丹公寓，可以看到二者的差别。

这栋公寓在建成之初作为美国花旗银行的员工住宅。楼房配备有专用电梯、煤气卫浴、暖气和双层打蜡地板，是当时上海最时髦的公寓楼。新中国成立后，改名为“瑞华公寓”，曾作为上海市委的机关公寓。

24

优雅的立方体

福煦巡捕房公寓（Apartment Building of Foch Police Station）

地址：淮海中路 1323 号

建成时间：1930 年

设计：不详

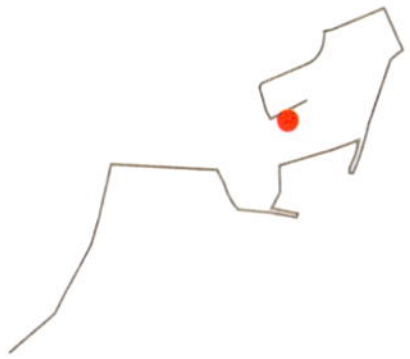

“巡捕”一词最早出现在《新唐书·食货志》中，是“巡逻、搜捕”之意，虽然这个词的历代含义有些许差别，但一直沿用至近代，成为租界里对“policeman”的专用称谓——巡捕专门维护租界内的治安和秩序。“巡捕房”即当时租界里的“警察局”，这在当时是一种新的机构和建筑类型，其在地理位置上的分布，与租界的扩张直接相关。一座巡捕房的设立可以从侧面反映出该地区的人口数量和社会经济活动密度，因此它与近代上海的城市化进程关系密切。1914 年，上海法租界第三次扩张。1915 年，在宝建路 1307 号（今宝庆路 1 号）设立“宝建巡捕房”，1931 年，改名为“福煦巡捕房”。 免费住宿曾是上海巡捕的一项福利待遇。早期，居住和警务办公常在同一栋楼中，随着巡捕人员的增加，两种功能开始分别设置，出现专门的巡捕房公寓。

福煦巡捕房公寓，“仪态”优雅，“表情”轻松，虽然依旧留有古典的韵味，但省略了拱券、柱式、隅石等细部，甚至连窗套也去除了，仅用小阳台、百叶[46]长窗、装饰线框和微小的形体变化，建筑师就把一个敦实的立方体，魔术般地变成了一栋端庄典雅的建筑作品。

从赛华公寓现代性中蕴含的古典影子到福煦巡捕房公寓古典性中显现出的现代感，无论是古典风格还是现代风格，无论是“地域主义”[47]还是中西合璧，建筑的“表情”之美都源于其整体上的形式协调性。

在这趟徒步阅读老建筑的终点，当我们一次次回望过去的时候，会深深感悟到：历史从来就未曾走远。

1
2
3
4
5
6

❶ 门窗洞口仅设红砖装饰的平券上楣，显示出设计手法的克制和简练。

❷ 朝北的立面上用微微凸出的体块丰富了建筑的“表情”。

❸ 建筑屋檐出挑深远，下面用托座进行装饰。屋顶坡度有意做得平缓，造成平屋面的错觉——这是意大利文艺复兴时期府邸的典型做法。

❹ 檐口下有简洁的倒“凸”字形装饰。

❺ 这种深度很浅的阳台，称为“一步式阳台”，仅供人站在门洞口凭栏远眺。

❻ 建筑侧面的阳台是现代通常做法的可上人阳台，做法很简单：出挑的梯形小梁支撑起薄薄的阳台板，上设铁艺栏杆。对比武康大楼阳台下的那些涡卷形托座，可以发现建筑中的装饰性元素正在被结构性构件所取代。

福煦巡捕房公寓之外，你一定要去格兰巡捕房公寓（今杨浦区隆昌路362号，现名“隆昌公寓”）、成都路警察公寓（今静安区成都北路337号，现名“新成大厦”）感受下同类建筑的别样震撼。

华山路
江苏路
延安西路
常熟路
宝庆路
淮海中路
华山路
建国西路
肇嘉浜路
华山路
桥路
斜土路
18
7
2
29
3
14
15
31
16
26
10
6
5
33
13
30
23
4
27
22
21
34
9
12
25
24
36
35
19
1
17
11

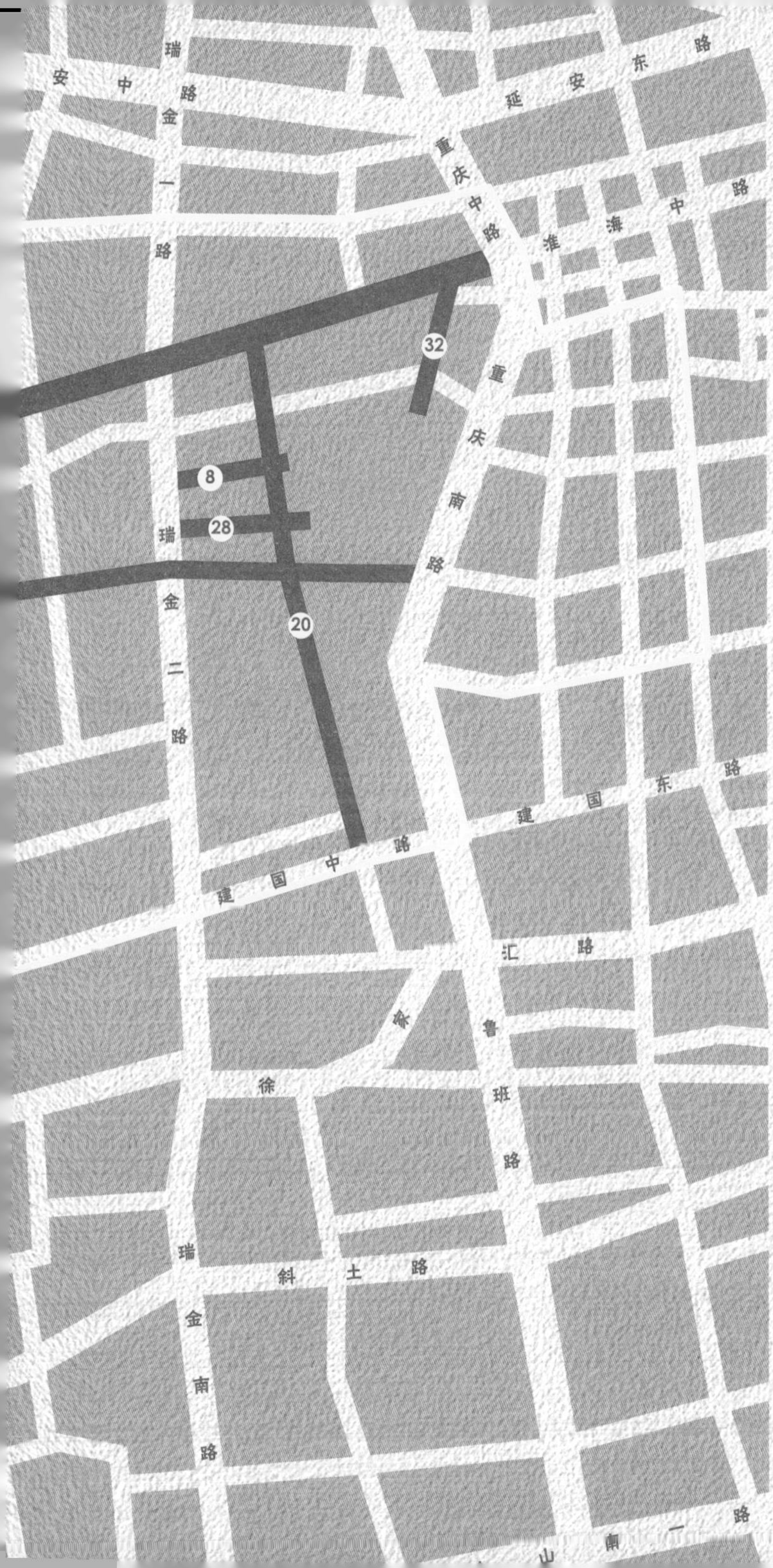

特色道路

老上海的风情，不仅在建筑中，也在那些特色道路上。
以下36条永不拓宽的道路都位于衡复风貌区内，探索这些道路，将带给你更多的发现和收获。

路名（交汇路）

1.安亭路（建国西路-永嘉路）
2.长乐路（常熟路-陕西南路）
3.东湖路（长乐路-淮海中路）
4.东平路（乌鲁木齐南路-岳阳路）
5.汾阳路（淮海中路-岳阳路）
6.复兴中路-复兴西路（华山路-重庆南路）
7.富民路（东湖路-巨鹿路）
8.皋兰路（瑞金二路-思南路）
9.高安路（淮海中路-建国西路）
10.高邮路（复兴西路-湖南路）
11.广元路（华山路-衡山路）
12.衡山路（天平路-桃江路）
13.湖南路（华山路-淮海中路）
14.华山路（常熟路-兴国路）
15.华亭路（长乐路-淮海中路）
16.淮海中路（乌鲁木齐中路-重庆南路）
17.建国西路（衡山路-岳阳路）
18.巨鹿路（常熟路-陕西南路）
19.康平路（华山路-高安路）
20.思南路（淮海中路-建国中路）
21.太原路（汾阳路-建国西路）
22.泰安路（华山路-武康路）
23.桃江路（乌鲁木齐南路-岳阳路）
24.宛平路（淮海中路-衡山路）
25.乌鲁木齐南路（淮海中路-建国西路）
26.五原路（武康路-常熟路）
27.武康路（华山路-淮海中路）
28.香山路（瑞金二路-思南路）
29.新乐路（富民路-陕西南路）
30.兴国路（华山路-淮海中路）
31.延庆路（常熟路-东湖路）
32.雁荡路（淮海中路-南昌路）
33.永福路（五原路-湖南路）
34.永嘉路（衡山路-陕西南路）
35.余庆路（淮海中路-衡山路）
36.岳阳路（汾阳路-肇嘉浜路）

名词解释

[1] 文艺复兴建筑风格

这种建筑风格形成于 15 世纪意大利的佛罗伦萨，16 世纪起，以罗马为中心进入盛期，并在整个欧洲流行。文艺复兴建筑以人文主义思想为指导，通过研究古罗马遗迹，提出复兴古希腊、古罗马时代的建筑风格，以取代象征神权的中世纪哥特建筑。在设计上追求均衡、稳定、理性，把“比例”作为建筑的核心问题。在类型上摆脱了中世纪宗教建筑的束缚，让宫殿、府邸、市政厅等各种世俗建筑得到了全新的发展。

[2] 三段式

一种构图方式。西方古典式建筑的立面常在水平向、竖直向鲜明地分成不同的三段，从而形成立面上的变化和韵律。

[3] 女儿墙

在平屋顶建筑中，露出屋面以上的那部分墙体被称为“女儿墙”。女儿墙有挡水和安全的作用，有时也根据设计做出多种造型，如镂空型、城垛型等。

[4] 半圆形券

券是一种拱形（或称“弧形”）的承重结构。半圆形券的形状刚好是一个正圆形的一半，也称为“罗马券”。此外，拱券有三心券、尖券、心形券等多种样式。

[5] 敞廊

单侧或双侧不封闭的廊，上部有顶，可以依附建筑而建，成为过渡性的半室外空间。

[6] 容积率

一定地块范围内，地面以上的建筑面积总和与该地块面积的比值。容积率越低意味着空地面积越大，建筑占地或建筑楼层越少。

[7] 山墙

指建筑侧面的端墙。双坡顶建筑端墙顶部呈现三角形，形似“山”字，所以被称作“山墙”。中国传统建筑的山墙形式多种多样。

[8] 齿饰

西方古典式的檐口底面上重复排列的方形小块体，很像一排牙齿。

[9] 线脚

一种线性装饰构件，可以用石、砖、灰泥等材料制作，用于覆盖不同材料或界面的交接处，也可以仅作为装饰。线脚的断面形状种类繁多，大型的组合线脚甚至会有十几层的凹凸变化。

[10] 檐口

西方古典式的檐部，从上到下分为三部分，最上层称为“檐口”，它比较低层更加突出。这个术语也可以用来指沿着墙面延伸的一条水平带状线脚。檐口从墙壁向外突出，能够很好地勾勒建筑物的形态，使建筑看上去更美观。

[11] 现代主义建筑

又称“现代派建筑”，兴起于 20 世纪初，第二次世界大战前后影响到世界各国。现代主义建筑探索了新材料和新技术给建筑带来的变化，主张建造适应工业化社会要求的建筑。在设计方法上，摆脱了传统建筑形式的束缚，以功能为核心进行设计，注重建筑的实用、高效，以及空间上的变化，少用甚至拒绝装饰，因此具有鲜明的理性主义和激进主义的色彩。

[12] 窗套

突出于墙面，用来装饰窗洞的框架。可以用石、砖、木、灰泥等各种材料制作，通常带有线脚。

[13] 巴洛克风格

17—18 世纪流行于欧洲的一种艺术风格，最早出现于意大利。“巴洛克”原意是“形状怪异的珍珠”——18 世纪崇尚古典艺术的人用这个词语对当时这种时髦的艺术风尚进行讥讽。巴洛克风格的建筑擅长使用曲线、变形、装饰与鲜明的色彩，追求自由、动态、神秘与富丽的视觉效果，为建筑设计开辟了新领域，对后世影响颇大。

[14] 柱式

西方古典建筑立面中各部分的固定组合模式，包括柱子、柱上的檐部和柱下的基座。常使用的 5 种古典柱式包括希腊人发明的多立克柱式、爱奥尼柱式和科林斯柱式，以及罗马人改进的混合式柱式和塔斯干柱式。柱式虽然诞生于古希腊、古罗马时代，但是把它们总结成为建筑理论，却是在文艺复兴时期。柱式的运用决定了建筑的不同风格，比如多立克柱式代表男性的雄壮，爱奥尼柱式代表女性的柔美等。

[15] 叠涩

一种砌筑方法，用石、砖、木等材料一层层向外挑出，用以支撑上部的重量。

[16] 凸肚窗

凸窗的一种，这类凸窗常见于建筑中间段，底层不落地，看起来像建筑凸在外面的“肚子”，由此得名。凸肚窗可以将室内的空间向外延展，以拥有更好的光线和视野，也是立面上很显眼的造型元素。

[17] 水泥拉毛墙面

一种外墙面施工工艺。把水泥砂浆刷上墙面后，在未干之前，用刷子等工具，将水泥砂浆向外拉出尖尖的形状，颇具装饰效果。

[18] 复折式屋顶

双坡屋面的一种变形，每个坡面由两段坡组成，下面一段坡度陡，上面一段坡度缓。建筑的另外两个方向是山墙面。这种屋顶也称作“荷兰式屋顶”。

[19] 水刷石

一种外墙面施工工艺。将骨料（石子或石屑）与水泥加水拌和，抹在建筑物的表面，在水泥完全凝固前，用刷子刷去表面的水泥浆，使骨料半露，形成一种粗糙的质感。

[20]“住宅是居住的机器”

现代主义建筑大师勒 · 柯布西耶在 1923 年出版了《走向新建筑》一书。在书中，他推崇轮船、汽车这些功能明确的精巧的“机器”，并认为住宅应该是能高效地满足居住功能的“机器”。“住宅是居住的机器”成为现代主义建筑运动中最著名的格言之一。

[21] 马赛克

一种用于建筑地面或墙面的铺装材料。有石、玻璃、瓷砖等材质，可用水泥或其他黏合剂拼成各种装饰性图案。

[22] 雨篷

设在建筑物的门洞口上方，用来遮挡雨水的构件。

[23 古典复兴建筑

这是 18 世纪 60 年代到 19 世纪在欧美国家中流行的一种学院派建筑思潮。这种思潮受到启蒙运动的影响，认为当时流行的巴洛克建筑和洛可可风格缺乏创造性，呼吁在建筑中体现理性主义思想，而古典建筑成为这种思潮的灵感来源。古典复兴建筑师一方面注重对古希腊建筑细部的精确考证，另一方面试图用纯粹的古典风格来展示当时君主统治下的强盛和荣耀，因此古典复兴在欧美主要体现在国家大型公共建筑和纪念性建筑上。

[24] 门廊

位于入口的半室外空间，有顶覆盖，且至少一面有柱子支撑。

[25] 老虎窗

“老虎”是“roof”（屋顶）的沪语谐音。老虎窗指嵌入斜屋顶的一种有顶与有侧墙的建筑开窗，老虎窗的顶和屋面一样，可以是坡顶，也可以是平顶。

[26] 帕拉第奥主义

安德烈 · 帕拉第奥是文艺复兴时期意大利著名的建筑师，他在所著的《建筑四书》中，系统解释了古典建筑的设计方法，并附上了自己根据这些原则设计的多种建筑图样。由于他的设计将古典原则与现实生活结合起来，为住宅等世俗建筑赋予了高贵的气质，这使得《建筑四书》成为一本很实用的古典式建筑风格的设计手册。在他逝世后的数百年间，很多建筑师从此书中汲取营养，形成一种建筑艺术风潮，称之为“帕拉第奥主义”。

[27] 孟莎式屋顶

双折斜坡的四坡屋顶，下部坡度比上部坡度更陡。屋顶上通常设老虎窗，顶层阁楼空间宽敞。这种典型的法国设计由于建筑师弗朗索瓦 · 芒萨尔的成功使用而闻名。

[28] 歇山顶

中国传统建筑屋顶形式之一，看上去像是双坡顶与四坡顶的组合。歇山顶有 1 个正脊、4 个垂脊和 4 个戗脊，所以也被称为“九脊殿”。由于做法上的差异，中国南方地区的歇山顶建筑较北方四个屋角的起翘幅度更大。

[29] 三心券

拱券的形状由三段圆弧连接而成，中间一段圆弧的半径大，两侧的圆弧半径小，整体看上去像是半个椭圆。

[30] 红砖

将黏土用水调和后制成砖坯，放入砖窑中高温煅烧，因为黏土中含有铁，在烧制过程中完全氧化后呈红色。从中世纪起，欧洲开始广泛使用红砖作为砌筑材料。

还有一种青砖，它和红砖在烧制方法上有所不同。由于在砖烧制过程中加水冷却，使黏土中的铁不能完全氧化，因此，砖呈现青灰色。与红砖相比，青砖的制作工艺更为复杂。青砖是中国特有的传统建筑砌筑材料。

[31] 科林斯双柱

科林斯是古典五柱式中的一种柱式，起源于希腊，完善于罗马，其典型特征是柱头用两层莨苕叶做装饰，像是盛满叶子的花篮。

在建筑中使用双柱，即将两根独立柱或壁柱距离非常近地设置在一处，通常是为了产生更加强烈的视觉效果。

[32] 折中主义

折中主义也称为“集仿主义”，19 世纪上半叶到 20 世纪初盛行于欧美国家的一种建筑思潮。折中主义认为建筑的形式与其背后的历史意义无关，不再具有精神上的象征性，所以建筑师可以根据形式美的原则，任意模仿历史上的建筑式样，或在一幢建筑中杂糅不同的建筑风格。在构图上，折中主义仍然讲究轴线、对称、均衡等古典建筑原则。

[33] 水平长窗

窗户沿水平向延展，形成其宽度远大于高度的立面效果。柯布西耶把水平长窗认为是“新建筑”的五个主要特征之一。

[34] 高窗

底部高于人视线的窗称为“高窗”。高窗既能满足采光通风的需要，又可避免窗外视线的干扰。

[35] 垂花饰

建筑立面上的一种装饰，造型通常为弓形或曲线形状，以花环、水果或布匹、缎带等为表现主题。

[36] 窗棂

窗的分割构件，即窗格，将窗分割成较小的部分，为了美观或便于安装窗扇。

[37] 毛石

开采后表面未经平整处理的石块。在建筑中用于砌筑墙体时，具有一种粗犷的装饰效果。

[38] 雀替

中国传统建筑上的一种构件，位于柱子与其上方水平构件（梁或枋）的交接处，可以减少梁枋的跨度、提高交接处的稳固性，同时具有装饰作用。

[39] 盝顶

中国传统建筑屋顶形式之一，常用在辅助建筑上。顶部为平顶，周边一圈坡顶（大多数为四坡面），从立面上看，其形状近似一个梯形。这种形状的屋顶，在西方建筑中称为“台锥形屋顶”。

[40] 鼓座

位于穹顶下方的一段圆柱形或多边形墙体。鼓座可以让穹顶显得更挺拔，同时，鼓座墙面上可以设置窗户，为室内引入光线。

[41] 湿壁画

湿壁画（Fresco）原意是“新鲜”的意思，趁着灰泥还新鲜，也就是还没有变干的时候在上面执笔作画。这是一种十分耐久的壁饰绘画技法，兴起于 13 世纪的意大利，在 16 世纪趋于成熟。米开朗琪罗在梵蒂冈西斯廷礼拜堂中绘制的《创世纪》是湿壁画中最有名的作品之一。

[42] 山花

在西方古典建筑中，正面檐部上方的三角形墙面，称为“山花”，是建筑重点装饰部位。后世，山花还被广泛用在门、窗、壁龛等处的上方。在巴洛克时代，山花的形状除了三角形之外，还出现了圆弧形、断裂的三角形等各种复杂的形状。

[43] 灰泥

用砂混合黏合剂（传统上多为石灰，现在多为水泥）加水后制成的糊状物，可以用来黏合石头或砖块，也可以用来塑造线脚、浮雕等各种装饰性造型。

[44] 圆盘饰

一种常见的装饰主题，简单的仅为圆环形线脚，也可以结合其他元素（如花环、头像等）组成更复杂和庞大的装饰图案。

[45] 檐壁

西方古典式建筑的檐部从上到下分为三部分。最上方为檐口（Cornice），中间是檐壁（Frieze），最下方是额枋（Architrave）。檐壁高度较高，经常用浅浮雕加以装饰，是檐部中最华丽的部位。

[46] 百叶

由成排有固定角度或可变角度的板条组成的一种独立式门窗构件。百叶能够调节和控制进入室内的光线量，又可在避免视线干扰的同时保持室内通风。

[47] 地域主义

这是对世界范围内建筑同质性的一种反思。建筑师慎重对待当地传统、环境和气候等条件，热衷于体现地方性的材料、建筑类型与文化特色，设计建造具有良好环境适应性和地域特色的建筑。

参考文献

【1】熊月之 . 上海通史 : 十五卷 . 上海 : 上海人民出版社 , 1999.

【2】唐振常 . 上海史 . 上海人民出版社 , 1989.

【3】傅立德 . 上海法租界史 . 倪静兰 , 译 . 上海 : 上海译文出版社 , 1983.

【4】《上海租界志》编纂委员会 . 上海租界志 . 上海 : 上海社会科学院出版社 , 2001.

【5】上海市民用建筑设计院 . 上海近代建筑史稿 . 上海 : 上海三联书店 , 1988.

【6】伍江 . 上海百年建筑史 (1840—1949). 上海 : 同济大学出版社 , 1997.

【7】郑时龄 . 上海近代建筑风格 (新版). 上海 : 同济大学出版社 , 2020.

【8】作者不详 . 上海市行号路图录 . 上海 : 福利营业股份有限公司 , 1949.

【9】上海市徐汇区房屋土地管理局 . 梧桐树后的老房子 . 上海 : 上海画报出版社 , 2001.

【10】上海市徐汇区房屋土地管理局 . 梧桐树后的老房子 (第二集). 上海 : 上海画报出版社 , 2007.

【11】徐汇区文物志编辑委员会 . 徐汇区文物志 . 上海 : 上海辞书出版社 , 2009.

【12】方世忠 . 梧桐深处 : 建筑可阅读 . 上海 : 上海文化出版社 , 2019.

【13】薛顺生 , 娄承浩 . 老上海经典公寓 . 上海 : 同济大学出版社 , 2005.

【14】杨嘉祐 . 上海老房子的故事 . 上海 : 上海人民出版社 , 1999.

【15】薛理勇 . 老上海房地产大鳄 . 上海 : 上海书店出版社 , 2014.

【16】乔争月 , 张雪飞 . 上海武康路建筑地图 . 上海 : 同济大学出版社 , 2018.

【17】赖德霖 , 伍江 , 徐苏斌 . 中国近代建筑史 . 北京 : 中国建筑工业出版社 , 2016.

【18】克鲁克香克 . 弗莱彻建筑史 . 郑时龄 , 支文军 , 等 , 译 . 北京 : 知识产权出版社 , 2011.

【19】柯蒂斯 . 20 世纪世界建筑史 . 北京 : 中国建筑工业出版社 , 2011.

【20】马尔格雷夫 . 现代建筑理论的历史 (1673—1968). 陈平 , 译 . 北京 : 北京大学出版社 , 2017.

【21】伊贝林斯 . 19 世纪末—21 世纪初的欧洲建筑 . 徐哲文 , 申祖烈 , 译 . 北京 : 中国建筑工业出版社 , 2015.

【22】弗兰姆普敦 . 现代建筑：一部批判的历史 . 张钦楠 , 等 , 译 . 北京 : 三联书店 , 2004.

【23】科尔 . 世界建筑经典图鉴 . 陈镌 , 等 , 译 . 上海 : 上海人民美术出版社 , 2003.

【24】霍普金斯 . 解读建筑 . 邢真 , 译 . 北京 : 北京出版集团公司 , 2014.

致谢

在本书资料收集过程中，我得到了武康路旅游咨询中心、衡复风貌馆、上海图书馆等单位的帮助；在撰写过程中，我得到了曾荆玉博士、黄之庆先生、英松先生等人的帮助，在此一并感谢。

感谢路秉杰教授、常青教授、伍江教授和卢永毅教授在我大学学生生涯中的专业教导，他们对我建筑史观念的形成起到很重要的作用。感谢徐永利教授、刘茜教授在学术上的讨论和资料上的帮助。

同济大学出版社的武蔚编辑在出书全过程中鼎力相助，她的专业与周到，让写书和出版的过程非常愉快，这是本人的幸运。

嘉品事务所的吕峰博士在写书过程中给予了热情支持，王玉萌为我提供了学术资料上的帮助，石正刚为我解决了技术上的难题，向他们表示感谢。

感谢赵露亿朋友授权我们使用她拍摄的良友公寓楼梯照片，感谢公众号外滩以西提供的丰富资料和历史照片。

由于本人学识的局限，书中难免有错误或疏漏，希望读者朋友不吝赐教。